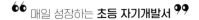

KB118807

Q 왜 공부력을 키워야 할까요?

쓰기력

정확한 의사소통의 기본기이며 논리의 바탕

연필을 잡고 종이에 쓰는 것을 괴로워한다!
맞춤법을 몰라 정확한 쓰기를 못한다!
말은 잘하지만 조리 있게 쓰는 것이 어렵다!
그래서 글쓰기의 기본 규칙을 정확히 알고
써야 공부 능력이 향상됩니다.

어휘력

교과 내용 이해와 독해력의 기본 바탕

어휘를 몰라서 수학 문제를 못 푼다!
어휘를 몰라서 사회, 과학 내용 이해가 안 된다!
어휘를 몰라서 수업 내용을 따라가기 어렵다!
그래서 교과 내용 이해의 기본 바탕을
다지기 위해 어휘 학습을 해야 합니다.

독해력

모든 교과 실력 향상의 기본 바탕

글을 읽었지만 무슨 내용인지 모른다!
글을 읽고 이해하는 데 시간이 오래 걸린다!
읽어서 이해하는 공부 방식을 거부하려고 한다!
그래서 통합적 사고력의 바탕인 독해 공부로
교과 실력 향상의 기본기를 닦아야 합니다.

계산력

초등 수학의 핵심이자 기본 바탕

계산 과정의 실수가 잦다!
계산을 하긴 하는데 시간이 오래 걸린다!
계산은 하는데 계산 개념을 정확히 모른다!
그래서 계산 개념을 익히고 속도와 정확성을
높이기 위한 훈련을 통해 계산력을 키워야 합니다.

세상이 변해도
배움의 즐거움은
변함없도록

시대는 빠르게 변해도
배움의 즐거움은
변함없어야 하기에

어제의 비상은
남다른 교재부터
결이 다른 콘텐츠
전에 없던 교육 플랫폼까지

변함없는 혁신으로
교육 문화 환경의 새로운 전형을
실현해왔습니다.

비상은 오늘, 다시 한번
새로운 교육 문화 환경을 실현하기 위한
또 하나의 혁신을 시작합니다.

오늘의 내가 어제의 나를 초월하고
오늘의 교육이 어제의 교육을 초월하여
배움의 즐거움을 지속하는 혁신,

바로, 메타인지학습을.

상상을 실현하는 교육 문화 기업 비상

메타인지학습
초월을 뜻하는 meta와 생각을 뜻하는 인지가 결합된 메타인지는
자신이 알고 모르는 것을 스스로 구분하고 학습계획을 세우도록 하는
궁극의 학습 능력입니다. 비상의 메타인지학습은 메타인지를 키워주어
공부를 100% 내 것으로 만들도록 합니다.

완자

공부력

초등 영어

영단어 4A

특징과 활용법

하루 4쪽 공부하기

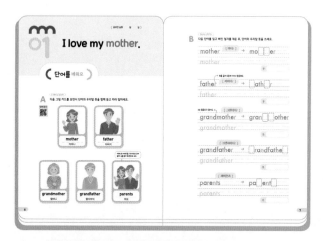

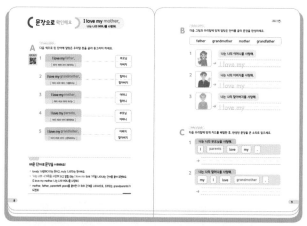

✳ 그림 카드와 함께 단어를 보고, 듣고,
따라 말하고, 쓰면서 배워요.

✳ 배운 단어를 문장에 적용해 보며
단어의 실제 쓰임새를 다시 한 번 익혀요.

✳ 철자와 우리말 발음을 색으로 연결하여 단어를 정확하게 익혀요.

예시 **grandmother** [그랜마더r]

자음 : 빨강, 파랑, 초록	모음 : 보라	굴리는 r : 주황	묵음 : 회색

모음	a [애 / 에이]		e [에 / 이-]		i [이 / 아이]		o [아 / 오 / 오우]		u [어 / 유-]	
자음	b [ㅂ]	c [ㅋ/ㅅ]	d [ㄷ]	f [ㅍ]	g [ㄱ/ㅈ]	h [ㅎ]	j [쥐]	k [ㅋ]	l [ㄹ]	m [ㅁ]
	n [ㄴ]	p [ㅍ]	q [ㅋ]	r [ㄹ]	s [ㅅ/ㅆ]	t [ㅌ]	v [ㅂ]	w [우]	x [ㅋㅅ]	y [이/아이]
	z [ㅈ]	ch [취]	sh [쉬]	th [ㅆ/ㄷ]	ph [ㅍ]	ng [응]				

↳ w, y는 자음이지만
모음으로 발음해요. ↲

☑ 책으로 하루 4쪽 공부하며, 초등 영단어를 익혀요!

☑ 모바일앱으로 공부한 내용을 복습하고 몬스터를 잡아요!

공부한 내용 확인하기

모바일앱으로 복습하기

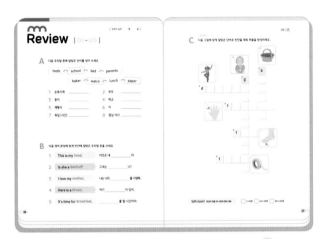

※ 5일 동안 배운 단어를 재미있는 💡
  문제로 풀어보며 복습해요.

※ 20일 동안 배운 단어를 단계별 문제로
  풀어보며 자기의 실력을 확인해요.

앱 다운받기   책 인증하기

※ 그날 배운 내용을 바로바로,
  또는 주말에 모아서 복습하고,
  다이아몬드 획득까지! 💎
  공부가 저절로 즐거워져요!

차례

한 친구가
작은 습관을 만들었어요.

매일매일의 시간이 흘러
작은 습관은 큰 습관이 되었어요.

큰 습관이 지금은 그 친구를 이끌고
있어요. 매일매일의 좋은 습관은
우리를 좋은 곳으로 이끌어 줄 거예요.

**우리도
하루 4쪽 공부 습관!
스스로 공부하는 힘을
키워 볼까요?**

4A/4B에서는 가족, 직업, 일과, 음식, 시각, 요일 등
4학년 영어 교과서에 나오는 주제어를 공부해요.

I love my mother.

단어를 배워요

Listen & Speak

A 다음 그림 카드를 보면서 단어와 우리말 뜻을 함께 듣고 따라 말하세요.

단어 듣기

mother
어머니

father
아버지

> 어머니와 아버지를 가리키므로 단어 끝에 -s를 붙여 복수형으로 써요.

grandmother
할머니

grandfather
할아버지

parents
부모

B 다음 단어를 읽고 빠진 철자를 채운 후, 단어와 우리말 뜻을 쓰세요.

mother [마더*r*] → mo☐☐er

mother

뜻

→ 혀를 굴려 모음에 이어서 발음해요.

father [파아더*r*] → ☐ath☐r

father

뜻

d는 발음되지 않아요. ← [그랜마더*r*]

grandmother → gran☐☐other

grandmother

뜻

[그랜파아더*r*]

grandfather → ☐randfathe☐

grandfather

뜻

[페어런츠]

parents → pa☐ent☐

parents

뜻

Choose & Circle

A 다음 색으로 된 단어에 알맞은 우리말 뜻을 골라 동그라미 하세요.

문장 듣기

1 I love my father.

[아이 러브 마이 파아더r]

부모님

아버지

2 I love my grandmother.

[아이 러브 마이 그랜마더r]

할머니

할아버지

3 I love my mother.

[아이 러브 마이 마더r]

어머니

할머니

4 I love my parents.

[아이 러브 마이 페어런츠]

부모님

어머니

5 I love my grandfather.

[아이 러브 마이 그랜파아더r]

아버지

할아버지

배운 단어로 문장을 이해해요!

> love는 '사랑하다'라는 뜻이고, my는 '나의'라는 뜻이에요.

> '나는 나의 ~(가족)을 사랑해.'라고 말할 때는 I love my 뒤에 가족을 나타내는 단어를 붙여 표현해요.
(I love my mother. 나는 나의 어머니를 사랑해.)

> mother, father, parents에 grand를 붙이면 더 위의 관계를 나타내므로, 조부모는 grandparents가
되겠죠!

B Choose & Write

다음 그림과 우리말에 맞게 알맞은 단어를 골라 문장을 완성하세요.

| father | grandmother | mother | grandfather |

1 나는 나의 어머니를 사랑해.
→ I love my

2 나는 나의 아버지를 사랑해.
→ I love my

3 나는 나의 할아버지를 사랑해.
→ I love my

C Write & Speak

다음 우리말에 맞게 카드를 배열한 후, 완성된 문장을 큰 소리로 읽으세요.

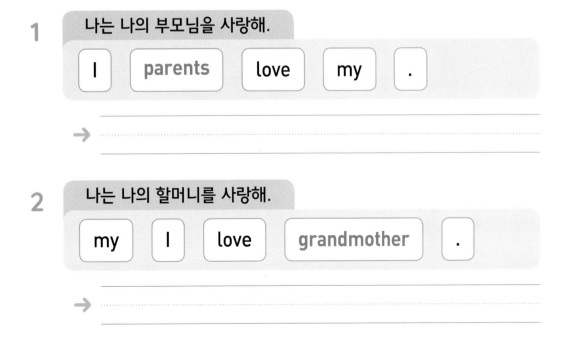

1 나는 나의 부모님을 사랑해.

| I | parents | love | my | . |

→

2 나는 나의 할머니를 사랑해.

| my | I | love | grandmother | . |

→

This is my head.

단어를 배워요

Listen & Speak

A 다음 그림 카드를 보면서 단어와 우리말 뜻을 함께 듣고 따라 말하세요.

단어 듣기

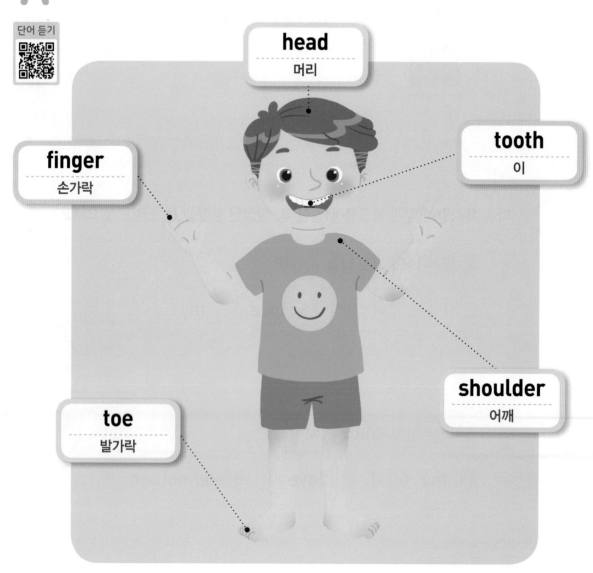

head
머리

tooth
이

finger
손가락

shoulder
어깨

toe
발가락

B 다음 단어를 읽고 빠진 철자를 채운 후, 단어와 우리말 뜻을 쓰세요.

head [헤드] → □ead

head

뜻

tooth [투우ㅆ] → t□□th

tooth

뜻

[쇼울더r]

shoulder → □□ou□der

shoulder

뜻

finger [핑거r] → □in□er

finger

뜻

toe [토우] → to□

toe

뜻

A Choose & Circle

다음 색으로 된 단어에 알맞은 우리말 뜻을 골라 동그라미 하세요.

문장 듣기

1 This is my tooth.
[디ㅆ 이즈 마이 투우ㅆ]
.... 이것은 내 | 이 / 어깨 | 야.

2 This is my finger.
[디ㅆ 이즈 마이 핑거r]
.... 이것은 내 | 손가락 / 발가락 | 이야.

3 This is my toe.
[디ㅆ 이즈 마이 토우]
.... 이것은 내 | 손가락 / 발가락 | 이야.

4 This is my head.
[디ㅆ 이즈 마이 헤드]
.... 이것은 내 | 이 / 머리 | 야.

5 This is my shoulder.
[디ㅆ 이즈 마이 쇼울더r]
.... 이것은 내 | 어깨 / 머리 | 야.

배운 단어로 문장을 이해해요!

> this(이것)는 가까이 있는 것을 가리킬 때 써요.

> 몸의 일부를 가리킬 때는 This is my 뒤에 신체 부위를 나타내는 단어를 붙여 '이것은 내 ~(신체 부위)야.' 라고 해요. (This is my head. 이것은 내 머리야.)

> 두 개 이상인 '손가락, 발가락, 어깨'는 -s를 붙여 복수형으로도 나타내요.

> tooth의 복수형은 tooths가 아니라 teeth로 형태가 달라지는 것에 주의하세요!

Choose & Write

B 다음 그림에 맞게 알맞은 단어를 골라 문장을 완성하세요.

head	tooth	shoulder	finger	toe

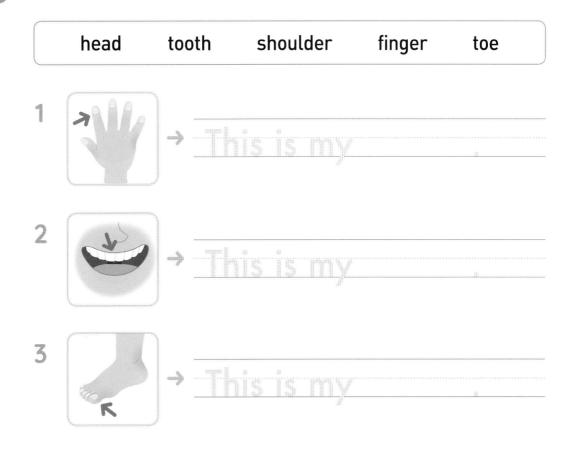

1 → This is my _____ .

2 → This is my _____ .

3 → This is my _____ .

Write & Speak

C 다음 우리말에 맞게 카드를 배열한 후, 완성된 문장을 큰 소리로 읽으세요.

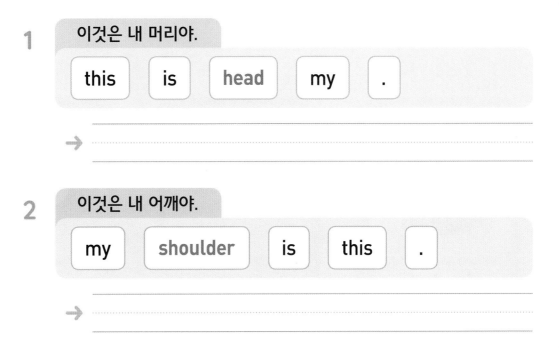

1 이것은 내 머리야.

| this | is | head | my | . |

→ _____

2 이것은 내 어깨야.

| my | shoulder | is | this | . |

→ _____

13

03 Here is a brush.

단어를 배워요

Listen & Speak

A 다음 그림 카드를 보면서 단어와 우리말 뜻을 함께 듣고 따라 말하세요.

단어 듣기

brush

붓

watch

손목시계

basket

바구니

paper

종이

tape

(접착용) 테이프

B 다음 단어를 읽고 빠진 철자를 채운 후, 단어와 우리말 뜻을 쓰세요.

brush   [브러쉬]   →   br◻sh

brush

뜻

→ t는 발음되지 않아요.

watch   [와취]   →   wat◻◻

watch

뜻

basket   [배스킽]   →   ba◻◻et

basket

뜻

paper   [페이퍼r]   →   ◻a◻er

paper

뜻

tape   [테이프]   →   t◻p◻

tape

뜻

Look & Match

A 다음 그림에 맞게 색으로 된 알맞은 단어와 우리말 뜻을 연결하세요.

문장 듣기

1  • • **Here is a watch.**
[히어*r* 이즈 어 와취] • • 손목시계

2 • • **Here is a basket.**
[히어*r* 이즈 어 배스킽] • • 붓

3 • • **Here is a brush.**
[히어*r* 이즈 어 브러쉬] • • 테이프

4 • • **Here is tape.**
[히어*r* 이즈 테이프] • • 바구니

5 • • **Here is paper.**
[히어*r* 이즈 페이퍼*r*] • • 종이

배운 단어로 문장을 이해해요!

> here은 '여기'라는 뜻을 나타내요.
> 물건을 줄 때는 Here is a 뒤에 물건을 나타내는 단어를 붙여 '여기 ~(물건)이 있어.'라고 해요.
  (Here is a brush. 여기 붓이 있어.)
> 물건 하나를 말할 때는 물건 앞에 a를 써요. 하지만 tape(테이프)와 paper(종이)는 일정한 형태가 없는 물질로 셀 수 없으므로 a를 쓰지 않아요.

Choose & Write

B 다음 우리말에 맞게 알맞은 단어를 골라 문장을 완성하세요.

1 여기 바구니가 있어. | brush | basket |

→ Here is a _____.

2 여기 손목시계가 있어. | watch | tape |

→ Here is a _____.

3 여기 종이가 있어. | tape | paper |

→ Here is _____.

Write & Speak

C 다음 우리말에 맞게 카드를 배열한 후, 완성된 문장을 큰 소리로 읽으세요.

1 여기 붓이 있어.

| here | a | brush | is | . |

→ _____

2 여기 테이프가 있어.

| tape | is | here | . |

→ _____

Is she a dentist?

단어를 배워요

A 다음 그림 카드를 보면서 단어와 우리말 뜻을 함께 듣고 따라 말하세요.

단어 듣기

dentist
치과 의사

singer
가수

dancer
댄서, 무용가

baker
제빵사

driver
운전사

B 다음 단어를 읽고 빠진 철자를 채운 후, 단어와 우리말 뜻을 쓰세요.

dentist　　[덴티스트]　　→　　denti☐☐

dentist

뜻

singer　　[씽어r]　　→　　si☐☐er

singer

뜻

dancer　　[댄써r]　　→　　☐an☐er

dancer

뜻

baker　　[베이커r]　　→　　ba☐er

baker

뜻

driver　　[드라이버r]　　→　　dr☐☐er

driver

뜻

Look & Match

A 다음 그림에 맞게 색으로 된 알맞은 단어와 우리말 뜻을 연결하세요.

문장 듣기

1   Is she a dancer?
[이즈 쉬 어 댄써r]   치과 의사

2   Is he a baker?
[이즈 히 어 베이커r]   가수

3   Is she a dentist?
[이즈 쉬 어 덴티스ㅌ]   댄서

4   Is he a singer?
[이즈 히 어 씽어r]   제빵사

5   Is she a driver?
[이즈 쉬 어 드라이버r]   운전사

배운 단어로 문장을 이해해요!

▸ 남자는 he(그)로, 여자는 she(그녀)로 써요.

▸ 직업을 물어볼 때는 Is he[she] a 뒤에 직업을 나타내는 단어를 붙여 '그[그녀]는 ~(직업)이니?'라고 해요.
(Is he a singer? 그는 가수니? / Is she a dentist? 그녀는 치과 의사니?)

▸ 동사나 명사 끝에 -er, -ist를 붙이면 직업을 나타내는 단어가 돼요. (sing 노래하다 → singer 가수)

정답 111쪽

B 다음 우리말에 맞게 알맞은 단어를 골라 문장을 완성하세요.

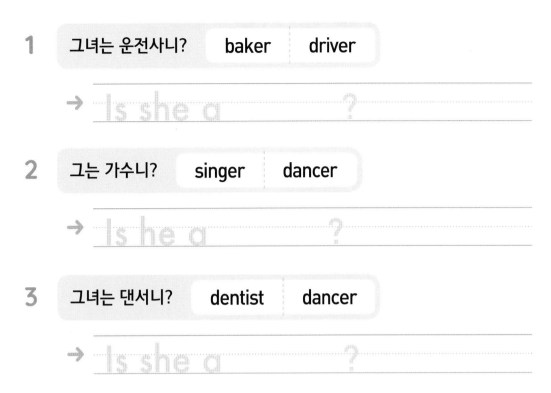

1 그녀는 운전사니? baker driver

→ Is she a _____ ?

2 그는 가수니? singer dancer

→ Is he a _____ ?

3 그녀는 댄서니? dentist dancer

→ Is she a _____ ?

C 다음 우리말에 맞게 카드를 배열한 후, 완성된 문장을 큰 소리로 읽으세요.

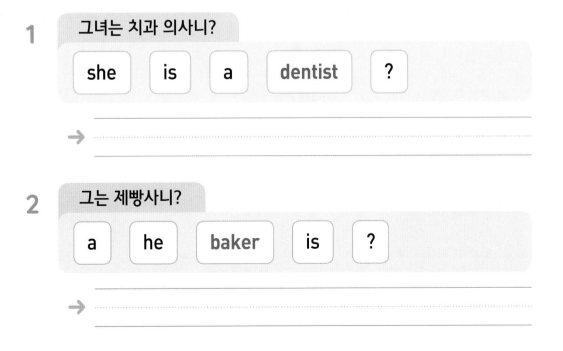

1 그녀는 치과 의사니?

she is a dentist ?

→ _____

2 그는 제빵사니?

a he baker is ?

→ _____

It's time for breakfast.

단어를 배워요

A 다음 그림 카드를 보면서 단어와 우리말 뜻을 함께 듣고 따라 말하세요.

단어 듣기

breakfast
아침 식사

school
학교

lunch
점심 식사

dinner
저녁 식사

bed
취침 (시간)

B 다음 단어를 읽고 빠진 철자를 채운 후, 단어와 우리말 뜻을 쓰세요.

[브렉퍼스ㅌ]

breakfast → br☐☐kfast

breakfast

뜻

→ h는 발음되지 않아요.

[스쿠울]

school → s☐☐ool

school

뜻

[런취]

lunch → lu☐ch

lunch

뜻

[디녀r]

dinner → di☐☐er

dinner

뜻

[베드]

bed → be☐

bed

뜻

It's time for breakfast.
아침 식사를 할 시간이야.

문장 듣기

Choose & Circle

A 다음 색으로 된 단어에 알맞은 우리말 뜻을 골라 동그라미 하세요.

1 It's time for school.

[잍ㅅ 타임 포오r 스쿠울]

| 아침 식사 |
| 학교 |

2 It's time for dinner.

[잍ㅅ 타임 포오r 디너r]

| 취침 (시간) |
| 저녁 식사 |

3 It's time for lunch.

[잍ㅅ 타임 포오r 런취]

| 점심 식사 |
| 저녁 식사 |

4 It's time for bed.

[잍ㅅ 타임 포오r 베드]

| 취침 (시간) |
| 학교 |

5 It's time for breakfast.

[잍ㅅ 타임 포오r 브렉퍼스ㅌ]

| 점심 식사 |
| 아침 식사 |

배운 단어로 문장을 이해해요!

> It's는 It is를 줄여서 쓴 말이고, time은 '시간'이라는 뜻을 나타내요.

> '~할 시간이야.'라고 말할 때는 It's time for 뒤에 일과를 나타내는 단어를 붙여 표현해요.
(It's time for breakfast. 아침 식사를 할 시간이야.)

> 시간을 나타낼 때 it은 '그것'이라고 해석하지 않아요.

> bed는 보통 '침대'라는 뜻으로 쓰이지만, 여기서는 '취침 (시간)'이라는 뜻을 나타내요.

B Choose & Write

다음 그림과 우리말에 맞게 알맞은 단어를 골라 문장을 완성하세요.

| lunch | dinner | school | bed | breakfast |

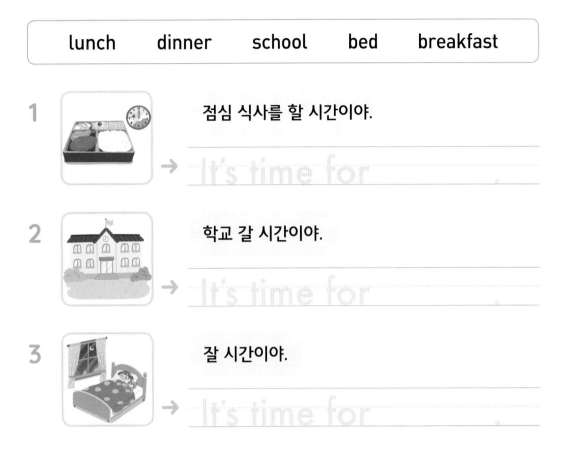

1 점심 식사를 할 시간이야.

→ It's time for   .

2 학교 갈 시간이야.

→ It's time for   .

3 잘 시간이야.

→ It's time for   .

C Write & Speak

다음 우리말에 맞게 카드를 배열한 후, 완성된 문장을 큰 소리로 읽으세요.

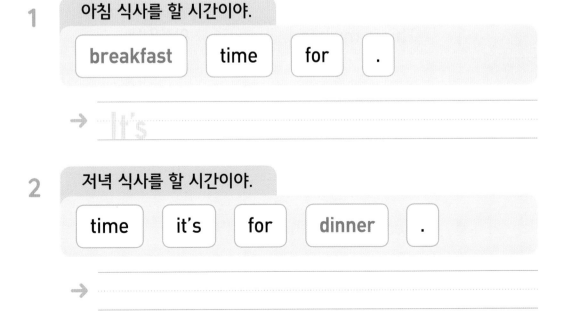

1 아침 식사를 할 시간이야.

breakfast   time   for   .

→ It's

2 저녁 식사를 할 시간이야.

time   it's   for   dinner   .

→

Review | 01-05 |

A 다음 우리말 뜻에 알맞은 단어를 찾아 쓰세요.

tooth school bed parents

baker watch lunch paper

1 손목시계 _____

2 부모 _____

3 종이 _____

4 학교 _____

5 제빵사 _____

6 이 _____

7 취침 (시간) _____

8 점심 식사 _____

B 다음 영어 문장에 맞게 빈칸에 알맞은 우리말 뜻을 쓰세요.

1 This is my head. ▶ 이것은 내 _____야.

2 Is she a dentist? ▶ 그녀는 _____니?

3 I love my mother. ▶ 나는 나의 _____를 사랑해.

4 Here is a brush. ▶ 여기 _____이 있어.

5 It's time for breakfast. ▶ _____를 할 시간이야.

Let's Play

C 다음 그림에 맞게 알맞은 단어로 빈칸을 채워 퍼즐을 완성하세요.

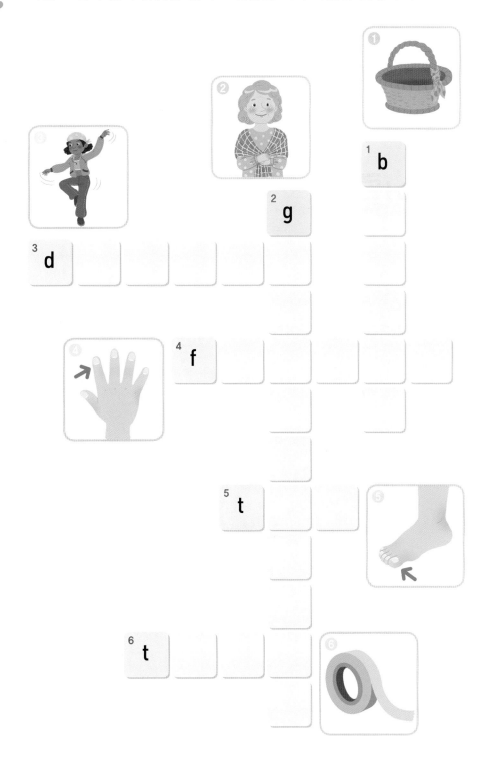

Let's play soccer.

A

다음 그림 카드를 보면서 단어와 우리말 뜻을 함께 듣고 따라 말하세요.

단어 듣기

soccer
축구

baseball
야구

basketball
농구

tennis
테니스

badminton
배드민턴

B 다음 단어를 읽고 빠진 철자를 채운 후, 단어와 우리말 뜻을 쓰세요.

[싸커r]

soccer → so ☐☐ er

soccer

뜻

[베이쓰보올]

baseball → ba ☐ eb ☐ ll

baseball

뜻

[배스킽보올]

basketball → b ☐ ske ☐ ball

basketball

뜻

[테니ㅆ]

tennis → te ☐☐ is

tennis

뜻

o는 발음되지 않아요. ← [배드민튼]

badminton → ba ☐ mint ☐ n

badminton

뜻

Let's play soccer.
축구하자.

A 다음 색으로 된 단어에 알맞은 우리말 뜻을 골라 동그라미 하세요.

문장 듣기

1 Let's play tennis.

[렡ㅅ 플레이 테니ㅆ]

배드민턴
테니스
치자.

2 Let's play soccer.

[렡ㅅ 플레이 싸커r]

축구
농구
하자.

3 Let's play basketball.

[렡ㅅ 플레이 배스킽보올]

야구
농구
하자.

4 Let's play badminton.

[렡ㅅ 플레이 배드민튼]

테니스
배드민턴
치자.

5 Let's play baseball.

[렡ㅅ 플레이 베이쓰보올]

야구
축구
하자.

배운 단어로 문장을 이해해요!

> Let's는 '~하자'라는 뜻으로 Let(~하게 허락하다)과 us(우리를)를 줄여서 쓴 말이에요.

> play는 '경기를 하다'라는 뜻을 나타내요.

> '~(운동 경기)을 하자.'라고 제안할 때는 Let's play 뒤에 운동 경기를 나타내는 단어를 붙여 표현해요.
(Let's play soccer. 축구하자.)

Choose & Write

B 다음 그림에 맞게 알맞은 단어를 골라 문장을 완성하세요.

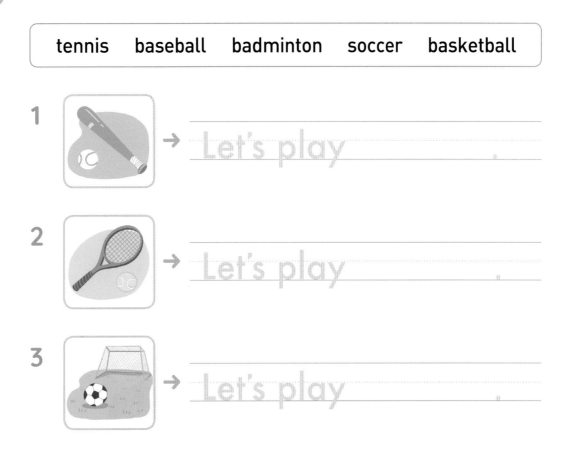

| tennis | baseball | badminton | soccer | basketball |

1 → Let's play   .

2 → Let's play   .

3 → Let's play   .

Write & Speak

C 다음 우리말에 맞게 카드를 배열한 후, 완성된 문장을 큰 소리로 읽으세요.

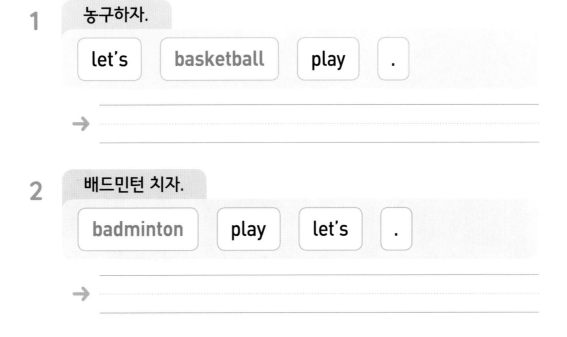

1 **농구하자.**

let's   basketball   play   .

→

2 **배드민턴 치자.**

badminton   play   let's   .

→

Are you busy?

단어를 배워요

Listen & Speak

A 다음 그림 카드를 보면서 단어와 우리말 뜻을 함께 듣고 따라 말하세요.

단어 듣기

busy

바쁜

full

배부른

sick

아픈

tired

피곤한

thirsty

목마른

B 다음 단어를 읽고 빠진 철자를 채운 후, 단어와 우리말 뜻을 쓰세요.

busy [비지] → b☐sy

busy

뜻

full [풀] → fu☐☐

full

뜻

c는 발음되지 않아요.

sick [씩] → si☐☐

sick

뜻

tired [타이어r드] → t☐re☐

tired

뜻

thirsty [써어r스티] → ☐☐ir☐ty

thirsty

뜻

A Look & Match

다음 그림에 맞게 색으로 된 알맞은 단어와 우리말 뜻을 연결하세요.

1

Are you full?

[아-r 유 풀]

바쁜

2

Are you tired?

[아-r 유 타이어r드]

배부른

3

Are you busy?

[아-r 유 비지]

피곤한

4

Are you thirsty?

[아-r 유 써어r스티]

아픈

5

Are you sick?

[아-r 유 씩]

목마른

배운 단어로 문장을 이해해요!

▶ 상대방의 현재 상태를 물을 때는 Are you 뒤에 상태를 나타내는 단어를 붙여 '너는 ~(상태)니?'라고 해요.
(Are you busy? 너는 바쁘니?)

Choose & Write

B 다음 우리말에 맞게 알맞은 단어를 골라 문장을 완성하세요.

1 너는 바쁘니?　busy　sick

→ Are you _____?

2 너는 피곤하니?　thirsty　tired

→ Are you _____?

3 너는 배부르니?　sick　full

→ Are you _____?

Write & Speak

C 다음 우리말에 맞게 카드를 배열한 후, 완성된 문장을 큰 소리로 읽으세요.

1 **너는 목마르니?**

| you | are | thirsty | ? |

→ _____

2 **너는 아프니?**

| sick | are | you | ? |

→ _____

Do you like chicken?

단어를 배워요

A Listen & Speak

다음 그림 카드를 보면서 단어와 우리말 뜻을 함께 듣고 따라 말하세요.

단어 듣기

chicken
닭고기

fish
생선, 물고기

pork
돼지고기

beef
소고기

meat
고기

B 다음 단어를 읽고 빠진 철자를 채운 후, 단어와 우리말 뜻을 쓰세요.

chicken [취킨] → □□icken

chicken

뜻

fish [피쉬] → fi□□

fish

뜻

pork [포오r크] → po□k

pork

뜻

beef [비이ㅍ] → bee□

beef

뜻

meat [미이ㅌ] → m□□t

meat

뜻

A 다음 색으로 된 단어에 알맞은 우리말 뜻을 골라 동그라미 하세요.

문장 듣기

1 Do you like fish?
[두 유 라이크 피쉬]

고기
생선

2 Do you like beef?
[두 유 라이크 비이ㅍ]

소고기
돼지고기

3 Do you like meat?
[두 유 라이크 미이ㅌ]

닭고기
고기

4 Do you like pork?
[두 유 라이크 포오r크]

생선
돼지고기

5 Do you like chicken?
[두 유 라이크 취킨]

소고기
닭고기

배운 단어로 문장을 이해해요!

> like는 '좋아하다'라는 뜻을 나타내요.

> '너는 ~(고기)을 좋아하니?'라고 물을 때는 Do you like 뒤에 고기를 나타내는 단어를 붙여 표현해요.
(Do you like chicken? 너는 닭고기를 좋아하니?)

Choose & Write

B 다음 그림과 우리말에 맞게 알맞은 단어를 골라 문장을 완성하세요.

| meat | beef | chicken | pork | fish |

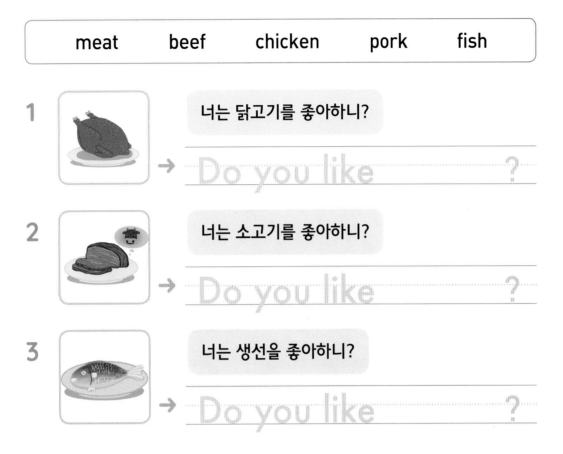

1 너는 닭고기를 좋아하니?
→ Do you like _____ ?

2 너는 소고기를 좋아하니?
→ Do you like _____ ?

3 너는 생선을 좋아하니?
→ Do you like _____ ?

Write & Speak

C 다음 우리말에 맞게 카드를 배열한 후, 완성된 문장을 큰 소리로 읽으세요.

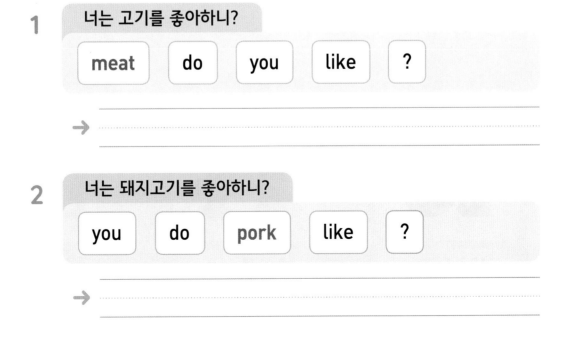

1 너는 고기를 좋아하니?

| meat | do | you | like | ? |

→ _____

2 너는 돼지고기를 좋아하니?

| you | do | pork | like | ? |

→ _____

He is eleven years old.

단어를 배워요

A 다음 그림 카드를 보면서 단어와 우리말 뜻을 함께 듣고 따라 말하세요.

단어 듣기

eleven

11, 열하나

twelve

12, 열둘

thirteen

13, 열셋

fourteen

14, 열넷

fifteen

15, 열다섯

B 다음 단어를 읽고 빠진 철자를 채운 후, 단어와 우리말 뜻을 쓰세요.

eleven [일레븐] → e□eve□

eleven

뜻

→ e는 발음되지 않아요.

twelve [트웰브] → t□□lve

twelve

뜻

thirteen [써어r티인] → th□rt□□n

thirteen

뜻

fourteen [포오r티인] → f□□rteen

fourteen

뜻

fifteen [피프티인] → □i□teen

fifteen

뜻

Look & Match

A 다음 그림에 맞게 색으로 된 알맞은 단어와 우리말 뜻을 연결하세요.

문장 듣기

1 •   • **He is fifteen years old.**
[히 이즈 피프티인 이-어r즈 오울드]   •   • 열하나

2 • **She is twelve years old.**
[쉬 이즈 트웰브 이-어r즈 오울드]   •   • 열둘

3 • **He is eleven years old.**
[히 이즈 일레븐 이-어r즈 오울드]   •   • 열셋

4 • **She is fourteen years old.**
[쉬 이즈 포오r티인 이-어r즈 오울드]   •   • 열넷

5 • **He is thirteen years old.**
[히 이즈 써어r티인 이-어r즈 오울드]   •   • 열다섯

배운 단어로 문장을 이해해요!

› 남자는 he(그)로, 여자는 she(그녀)로 써요.

› '그[그녀]는 ~(몇) 살이야.'라고 나이를 말할 때는 〈He[She] is + 숫자 + years old.〉로 표현해요.
(He is eleven years old. 그는 열한 살이야. / She is twelve years old. 그녀는 열두 살이야.)

› 이 표현은 나이를 묻는 How old is he[she]?(그[그녀]는 몇 살이니?)에 대한 대답으로 쓰여요.

B 다음 우리말에 맞게 알맞은 단어를 골라 문장을 완성하세요.

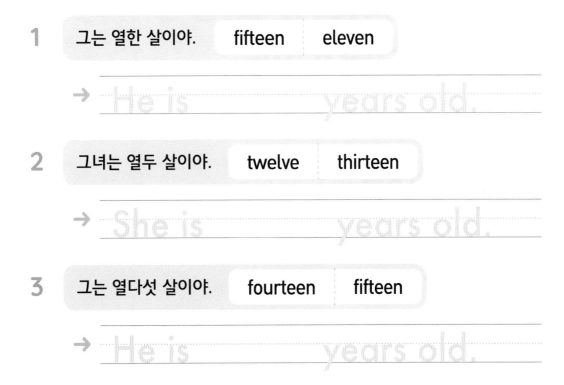

1 그는 열한 살이야.   fifteen   eleven

→ He is _____ years old.

2 그녀는 열두 살이야.   twelve   thirteen

→ She is _____ years old.

3 그는 열다섯 살이야.   fourteen   fifteen

→ He is _____ years old.

C 다음 우리말에 맞게 카드를 배열한 후, 완성된 문장을 큰 소리로 읽으세요.

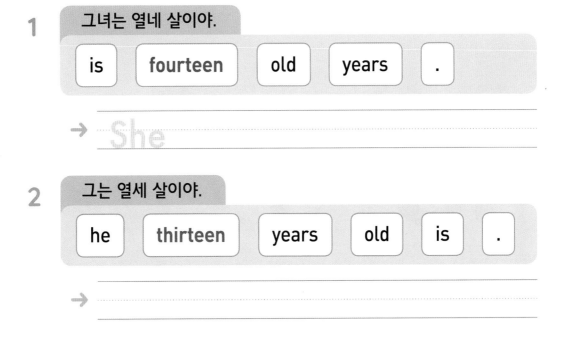

1 그녀는 열네 살이야.

| is | fourteen | old | years | . |

→ She _____

2 그는 열세 살이야.

| he | thirteen | years | old | is | . |

→ _____

There are sixteen pencils.

단어를 배워요

단어 듣기

Listen & Speak

A 다음 그림 카드를 보면서 단어와 우리말 뜻을 함께 듣고 따라 말하세요.

sixteen
16, 열여섯

seventeen
17, 열일곱

eighteen
18, 열여덟

nineteen
19, 열아홉

twenty
20, 스물

B 다음 단어를 읽고 빠진 철자를 채운 후, 단어와 우리말 뜻을 쓰세요.

45

[씩스티인]

sixteen → si◻tee◻

sixteen

뜻

[쎄븐티인]

seventeen → s◻v◻nteen

seventeen

뜻

→ gh는 발음되지 않아요.

[에이티인]

eighteen → ei◻◻teen

eighteen

뜻

[나인티인]

nineteen → n◻n◻teen

nineteen

뜻

[트웬티]

twenty → twen◻◻

twenty

뜻

45

Choose & Circle

A 다음 색으로 된 단어에 알맞은 우리말 뜻을 골라 동그라미 하세요.

문장 듣기

1
There are twenty pencils.
[데어r 아-r 트웬티 펜슬즈]

스물
열일곱

2
There are eighteen pencils.
[데어r 아-r 에이티인 펜슬즈]

열여섯
열여덟

3
There are sixteen pencils.
[데어r 아-r 씩스티인 펜슬즈]

열아홉
열여섯

4
There are nineteen pencils.
[데어r 아-r 나인티인 펜슬즈]

열아홉
스물

5
There are seventeen pencils.
[데어r 아-r 쎄븐티인 펜슬즈]

열일곱
열여덟

배운 단어로 문장을 이해해요!

> there is[are] ~는 '~(들)이 있다'라는 뜻이에요.
> there is 뒤에는 단수 명사(1개)가, there are 뒤에는 복수 명사(2개 이상)가 와요.
> '연필 ~(몇) 자루가 있어.'라고 말할 때는 〈There are + 숫자(2 이상) + pencils.〉로 표현해요.
> (There are sixteen pencils. 연필 열여섯 자루가 있어.)

Choose & Write

B 다음 그림과 우리말에 맞게 알맞은 단어를 골라 문장을 완성하세요.

| twenty | seventeen | nineteen | eighteen | sixteen |

1 연필 열여덟 자루가 있어.

→ There are   pencils.

2 연필 열여섯 자루가 있어.

→ There are   pencils.

3 연필 열아홉 자루가 있어.

→ There are   pencils.

Write & Speak

C 다음 우리말에 맞게 카드를 배열한 후, 완성된 문장을 큰 소리로 읽으세요.

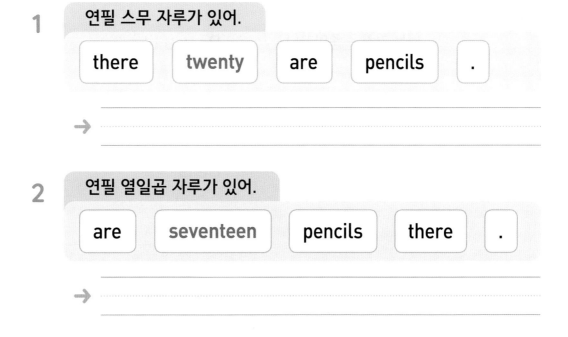

1 연필 스무 자루가 있어.

there   twenty   are   pencils   .

→

2 연필 열일곱 자루가 있어.

are   seventeen   pencils   there   .

→

47

Review | 06-10 |

A 다음 단어에 알맞은 우리말 뜻을 찾아 쓰세요.

| 열둘 | 소고기 | 배드민턴 | 열아홉 |

| 피곤한 | 농구 | 돼지고기 | 열일곱 |

1 tired _____

2 basketball _____

3 twelve _____

4 seventeen _____

5 beef _____

6 badminton _____

7 pork _____

8 nineteen _____

B 다음 우리말에 맞게 빈칸에 알맞은 단어를 찾아 쓰세요.

| busy   eleven   chicken   sixteen   soccer |

1 너는 치킨을 좋아하니?   Do you like _____?

2 축구하자.   Let's play _____.

3 그는 열한 살이야.   He is _____ years old.

4 너는 바쁘니?   Are you _____?

5 연필 열여섯 자루가 있어.   There are _____ pencils.

Let's Play

C 다음 우리말 뜻에 알맞은 단어를 찾아 동그라미 한 후, 빈칸에 쓰세요.

t	f	i	s	h	n	f
o	e	s	k	u	f	i
s	i	n	h	m	u	f
i	d	g	n	z	l	t
c	i	w	u	i	l	e
k	t	h	i	v	s	e
a	m	e	a	t	l	n

1 테니스 _____

2 생선 _____

3 열다섯 _____

4 배부른 _____

5 아픈 _____

6 고기 _____

Let's Play

D 다음 사다리를 타면서 그림과 단어가 일치하면 ○표, 일치하지 <u>않으면</u> X표 하세요.

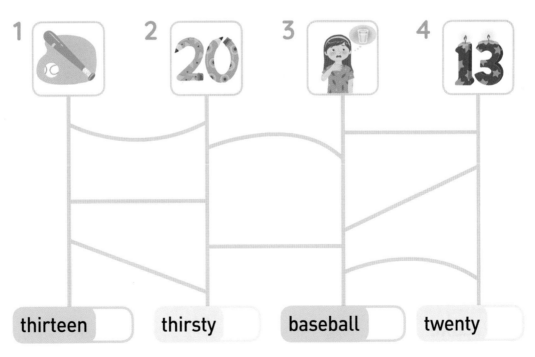

1
2
3
4

thirteen   thirsty   baseball   twenty

Self-check! 자신이 외운 06~10의 단어 개수   ☐ 1~9개 ☐ 10~19개 ☐ 20~25개

49

It's my cake.

단어를 배워요

A 다음 그림 카드를 보면서 단어와 우리말 뜻을 함께 듣고 따라 말하세요.

단어 듣기

birthday
생일

candle
초

party
파티

cake
케이크

present
선물

B 다음 단어를 읽고 빠진 철자를 채운 후, 단어와 우리말 뜻을 쓰세요.

cake [케이크] → c☐k☐

cake

뜻 ☐

candle [캔들] → cand☐☐

candle

뜻 ☐

present [프레즌ㅌ] → pr☐☐ent

present

뜻 ☐

birthday [버어r쓰데이] → b☐r☐☐day

birthday

뜻 ☐

→ t는 r 발음이 나요.

party [파아r리] → par☐☐

party

뜻 ☐

51

Choose & Circle

A 다음 색으로 된 단어에 알맞은 우리말 뜻을 골라 동그라미 하세요.

문장 듣기

1 It's my present.

[잍ㅅ 마이 프레즌ㅌ]

.... 그것은 내 [선물 / 초] (이)야.

2 It's my cake.

[잍ㅅ 마이 케이크]

.... 그것은 내 [케이크 / 선물] (이)야.

3 It's my party.

[잍ㅅ 마이 파아r리]

.... 그것은 내 [초 / 파티] 야.

4 It's my candle.

[잍ㅅ 마이 캔들]

.... 그것은 내 [케이크 / 초] 야.

5 It's my birthday.

[잍ㅅ 마이 버어r쓰데이]

.... (그것은) 내 [생일 / 파티] (이)야.

배운 단어로 문장을 이해해요!

> It은 '그것'이라는 뜻을 나타내고, It's는 It is를 줄여서 쓴 말이에요.

> 생일 파티에서 '그것은 내 ~야.'라고 말할 때는 It's my 뒤에 대상이 되는 단어를 붙여 표현해요.
> (It's my cake. 그것은 내 케이크야.)

> It's my birthday.(내 생일이야.)에서 It은 '그것'이라고 해석하지 않아요.

Choose & Write

B 다음 그림에 맞게 알맞은 단어를 골라 문장을 완성하세요.

| cake | party | present | candle | birthday |

1 → It's my _____ .

2 → It's my _____ .

3 → It's my _____ .

Write & Speak

C 다음 우리말에 맞게 카드를 배열한 후, 완성된 문장을 큰 소리로 읽으세요.

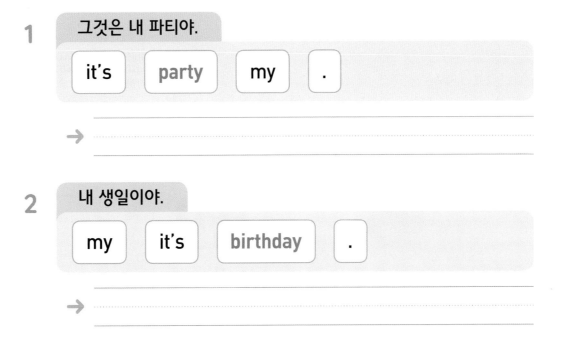

1 그것은 내 파티야.

it's   party   my   .

→ _____

2 내 생일이야.

my   it's   birthday   .

→ _____

Do you know the boy?

단어를 배워요

Listen & Speak

A 다음 그림 카드를 보면서 단어와 우리말 뜻을 함께 듣고 따라 말하세요.

단어 듣기

boy

소년

girl

소녀

man

남자

> gentleman(신사)과 lady(숙녀)는 각각 man(남자)과 woman(여자)을 정중하게 가리키는 말이에요.

woman

여자

gentleman

신사

lady

숙녀

B 다음 단어를 읽고 빠진 철자를 채운 후, 단어와 우리말 뜻을 쓰세요.

boy [보이] → b☐y

boy 뜻

girl [거r얼] → gi☐☐

girl 뜻

man [맨] → m☐n

man 뜻

woman [우먼] → ☐☐man

woman 뜻

gentleman [젠틀먼] → ☐entl☐man

gentleman 뜻

lady [레이디] → l☐dy

lady 뜻

Choose & Circle

A 다음 색으로 된 단어에 알맞은 우리말 뜻을 골라 동그라미 하세요.

문장 듣기

1 Do you know the girl?
[두 유 노우 더 거r얼]

소년
소녀

2 Do you know the boy?
[두 유 노우 더 보이]

소년
남자

3 Do you know the lady?
[두 유 노우 더 레이디]

소녀
숙녀

4 Do you know the woman?
[두 유 노우 더 우먼]

여자
소녀

5 Do you know the man?
[두 유 노우 더 맨]

남자
신사

6 Do you know the gentleman?
[두 유 노우 더 젠틀먼]

숙녀
신사

배운 단어로 문장을 이해해요!

> know는 '알다'라는 뜻을 나타내요. the는 '(바로) 그 ~'의 뜻으로 어떤 사람[것]을 콕 찍어 말할 때 써요.

> 특정 사람을 아는지 물을 때는 Do you know the 뒤에 사람을 나타내는 단어를 붙여 '너는 그 ~(사람)을 아니?'라고 해요. (Do you know the boy? 너는 그 소년을 아니?)

B 다음 그림과 우리말에 맞게 알맞은 단어를 골라 문장을 완성하세요.

| boy | girl | woman | man | lady |

1 너는 그 소녀를 아니?

→ Do you know the _____?

2 너는 그 남자를 아니?

→ Do you know the _____?

3 너는 그 여자를 아니?

→ Do you know the _____?

C 다음 우리말에 맞게 카드를 배열한 후, 완성된 문장을 큰 소리로 읽으세요.

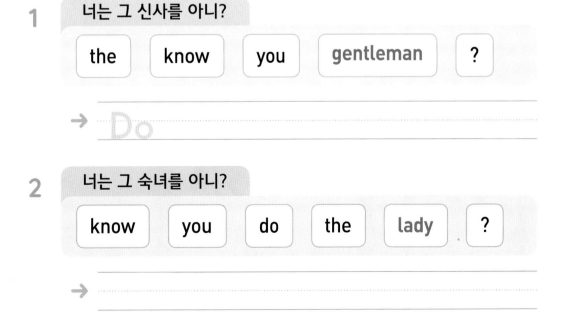

1 너는 그 신사를 아니?

| the | know | you | gentleman | ? |

→ Do _____

2 너는 그 숙녀를 아니?

| know | you | do | the | lady | ? |

→ _____

13 Look at the giraffe.

단어를 배워요

Listen & Speak

A 다음 그림 카드를 보면서 단어와 우리말 뜻을 함께 듣고 따라 말하세요.

단어 듣기

giraffe
기린

wolf
늑대

elephant
코끼리

fox
여우

zebra
얼룩말

B 다음 단어를 읽고 빠진 철자를 채운 후, 단어와 우리말 뜻을 쓰세요.

giraffe　[져래ㅍ]　→　g☐raff☐

giraffe

뜻

wolf　[울ㅍ]　→　wol☐

wolf

뜻

[엘러펀ㅌ]

elephant　→　ele☐☐ant

elephant

뜻

fox　[파악ㅅ]　→　fo☐

fox

뜻

zebra　[지이브라]　→　☐eb☐a

zebra

뜻

문장으로 확인해요

> **Look at the giraffe.**
> 저 기린을 봐.

Look & Match

A 다음 그림에 맞게 색으로 된 알맞은 단어와 우리말 뜻을 연결하세요.

문장 듣기

1   Look at the wolf.
[룩 앹 더 울ㅍ]   코끼리

2   Look at the zebra.
[룩 앹 더 지이브라]   얼룩말

3   Look at the fox.
[룩 앹 더 파악ㅅ]   늑대

4   Look at the giraffe.
[룩 앹 더 져래ㅍ]   여우

5   Look at the elephant.
[룩 앹 디 엘러펀ㅌ]   기린

배운 단어로 문장을 이해해요!

> look at은 '~을 보다'라는 뜻을 나타내요.
> 동물을 가리키며 보라고 할 때는 Look at the 뒤에 동물을 나타내는 단어를 붙여 '저 ~(동물)을 봐.'라고 해요. (Look at the giraffe. 저 기린을 봐.)
> the는 모음(a, e, i, o, u)으로 시작하는 단어 앞에서는 [디]로 발음해요.

Choose & Write

B 다음 우리말에 맞게 알맞은 단어를 골라 문장을 완성하세요.

1 저 얼룩말을 봐.   zebra   wolf

→ Look at the   .

2 저 코끼리를 봐.   giraffe   elephant

→ Look at the   .

3 저 늑대를 봐.   wolf   fox

→ Look at the   .

Write & Speak

C 다음 우리말에 맞게 카드를 배열한 후, 완성된 문장을 큰 소리로 읽으세요.

1 저 기린을 봐.

| look | the | giraffe | at | . |

→

2 저 여우를 봐.

| fox | at | the | look | . |

→

14 He is handsome.

단어를 배워요

A 다음 그림 카드를 보면서 단어와 우리말 뜻을 함께 듣고 따라 말하세요.

단어 듣기

handsome
잘생긴

beautiful
아름다운

fat
뚱뚱한

thin
마른

cute
귀여운

B　다음 단어를 읽고 빠진 철자를 채운 후, 단어와 우리말 뜻을 쓰세요.

[핸섬]

handsome → han☐s☐me

handsome

뜻

u는 발음되지 않아요. [뷰우리플]

beautiful → b☐☐☐tiful

beautiful

뜻

[패트]

fat → fa☐

fat

뜻

[씬]

thin → ☐☐in

thin

뜻

[큐트]

cute → c☐t☐

cute

뜻

63

Choose & Circle

A 다음 색으로 된 단어에 알맞은 우리말 뜻을 골라 동그라미 하세요.

문장 듣기

1 He is cute.
[히 이즈 큐트]

귀여운
마른

2 She is beautiful.
[쉬 이즈 뷰우리플]

뚱뚱한
아름다운

3 He is handsome.
[히 이즈 핸썸]

귀여운
잘생긴

4 She is thin.
[쉬 이즈 씬]

아름다운
마른

5 He is fat.
[히 이즈 패트]

잘생긴
뚱뚱한

배운 단어로 문장을 이해해요!

› 남자는 he(그)로, 여자는 she(그녀)로 써요.

› 외모를 말할 때는 He[She] is 뒤에 외모를 나타내는 단어를 붙여 '그[그녀]는 ~(외모)야.'라고 해요.
(He is handsome. 그는 잘생겼어. / She is beautiful. 그녀는 아름다워.)

정답 117쪽

Choose & Write

B 다음 그림과 우리말에 맞게 알맞은 단어를 골라 문장을 완성하세요.

| handsome | thin | fat | cute | beautiful |

1 그는 뚱뚱해.
→ He is   .

2 그녀는 아름다워.
→ She is   .

3 그는 귀여워.
→ He is   .

Write & Speak

C 다음 우리말에 맞게 카드를 배열한 후, 완성된 문장을 큰 소리로 읽으세요.

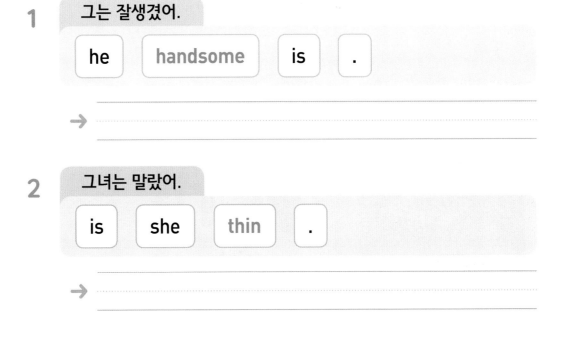

1 그는 잘생겼어.

he | handsome | is | .

→

2 그녀는 말랐어.

is | she | thin | .

→

65

15 I am listening.

단어를 배워요

Listen & Speak

A 다음 그림 카드를 보면서 단어와 우리말 뜻을 함께 듣고 따라 말하세요.

단어 듣기

listen

듣다

read

읽다

draw

(연필로) 그리다

paint

(물감으로) 그리다

cut

자르다

Speak & Write

B 다음 단어를 읽고 빠진 철자를 채운 후, 단어와 우리말 뜻을 쓰세요.

t는 발음되지 않아요.

listen   [리슨] → li□□en

listen

뜻

read   [리이드] → r□□d

read

뜻

draw   [드로오] → dr□□

draw

뜻

paint   [페인ㅌ] → □ain□

paint

뜻

cut   [커ㅌ] → c□t

cut

뜻

I am listening.
나는 듣고 있어.

Look & Match

A 다음 그림에 맞게 색으로 된 알맞은 단어와 우리말 뜻을 연결하세요.

문장 듣기

1  · · I am reading.
[아이 앰 리이딩] · · 읽다

2  · · I am drawing.
[아이 앰 드로오잉] · · 자르다

3  · · I am cutting.
[아이 앰 커팅] · · 듣다

4  · · I am listening.
[아이 앰 리스닝] · · (연필로) 그리다

5  · · I am painting.
[아이 앰 페인팅] · · (물감으로) 그리다

배운 단어로 문장을 이해해요!

> '나는 ~하고 있어.'라고 현재 하고 있는 동작을 말할 때는 I am 뒤에 〈동사+-ing〉를 붙여 표현해요.
(I am listening. 나는 듣고 있어.)

> 이 표현은 현재 행동을 묻는 What are you doing?(너 뭐 하고 있니?)에 대한 대답으로 쓰여요.

Choose & Write

B 다음 우리말에 맞게 알맞은 단어를 골라 문장을 완성하세요.

1 나는 자르고 있어. painting cutting

→ I am _____ .

2 나는 읽고 있어. reading listening

→ I am _____ .

3 나는 (연필로) 그리고 있어. drawing painting

→ I am _____ .

Write & Speak

C 다음 우리말에 맞게 카드를 배열한 후, 완성된 문장을 큰 소리로 읽으세요.

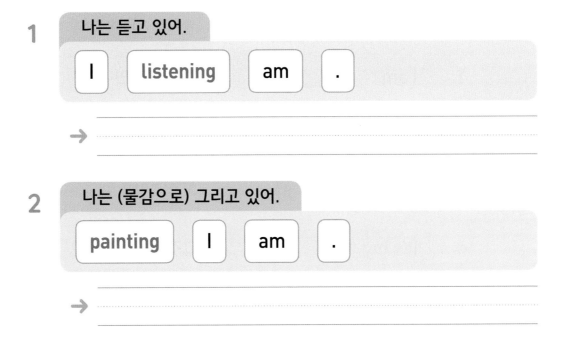

1 나는 듣고 있어.

I listening am .

→ _____

2 나는 (물감으로) 그리고 있어.

painting I am .

→ _____

69

Review | 11-15 |

A 다음 우리말 뜻에 알맞은 단어를 찾아 동그라미 한 후, 빈칸에 쓰세요.

h b i r t h d a y a x g i r l r p r e s e n t m l a d y g
p a e l e p h a n t t o f o x e w b c u t e n s r e a d

1 생일 _____

2 소녀 _____

3 선물 _____

4 숙녀 _____

5 코끼리 _____

6 여우 _____

7 귀여운 _____

8 읽다 _____

B 다음 영어 문장의 우리말 뜻이 맞으면 ○표, 틀리면 X표 하세요.

1 I am listening. ▶ 나는 듣고 있어. ········ ( )

2 He is handsome. ▶ 그는 귀여워. ········ ( )

3 Look at the giraffe. ▶ 저 얼룩말을 봐. ········ ( )

4 It's my cake. ▶ 그것은 내 케이크야. ········ ( )

5 Do you know the boy? ▶ 너는 그 남자를 아니? ········ ( )

Let's Play

C 다음 그림에 맞게 알맞은 단어로 빈칸을 채워 퍼즐을 완성하세요.

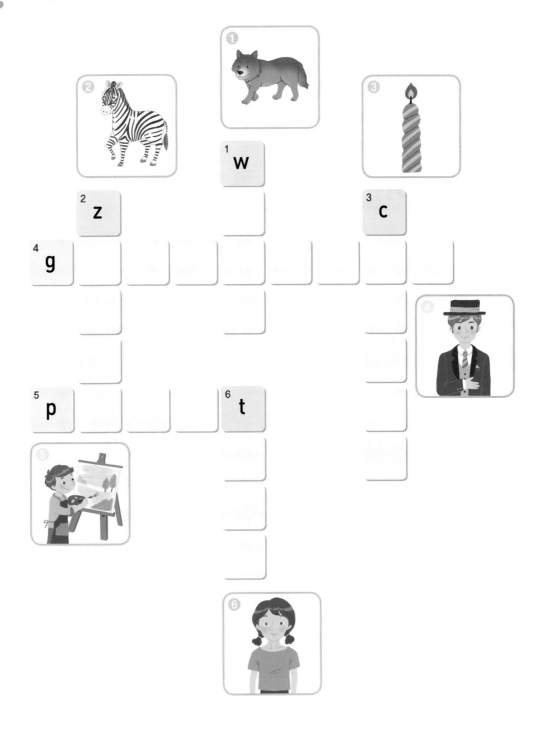

16

Put on your hat.

단어를 배워요

다음 그림 카드를 보면서 단어와 우리말 뜻을 함께 듣고 따라 말하세요.

A   Listen & Speak

다음 그림 카드를 보면서 단어와 우리말 뜻을 함께 듣고 따라 말하세요.

단어 듣기

hat
(테가 있는) 모자

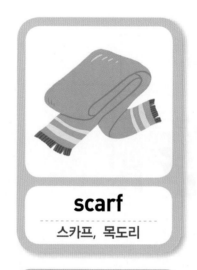

scarf
스카프, 목도리

> pants(바지), shoes(신발)는 두 개가 짝을 이루어 항상 복수형으로 써요.

jacket
재킷, (셔츠 위에 입는) 상의

pants
바지

shoes
신발

B 다음 단어를 읽고 빠진 철자를 채운 후, 단어와 우리말 뜻을 쓰세요.

hat   [해ㅌ]   →   h ☐ t

hat

뜻 ☐

scarf   [스카아*r*프]   →   s ☐ ar ☐

scarf

뜻 ☐

jacket   [좨키ㅌ]   →   ja ☐ ☐ et

jacket

뜻 ☐

pants   [팬츠]   →   pan ☐ ☐

pants

뜻 ☐

shoes   [슈우즈]   →   ☐ ☐ oes

shoes

뜻 ☐

문장으로 확인해요

Put on your hat.
네 모자를 써.

Look & Match

A 다음 그림에 맞게 색으로 된 알맞은 단어와 우리말 뜻을 연결하세요.

문장 듣기

1 • • **Put on your scarf.**

[풀 오온 유어r 스카아r프] • • 신발

2 • • **Take off your shoes.**

[테이크 오-ㅍ 유어r 슈우즈] • • 스카프

3 • • **Put on your hat.**

[풀 오온 유어r 해ㅌ] • • 바지

4 • • **Take off your jacket.**

[테이크 오-ㅍ 유어r 좨키ㅌ] • • 모자

5 • • **Put on your pants.**

[풀 오온 유어r 팬츠] • • 재킷

배운 단어로 문장을 이해해요!

▶ put on은 '~을 입다 · 쓰다 · 신다'라는 뜻이고, take off는 '~을 벗다'라는 뜻이에요.

▶ '네 ~(옷)을 입어[벗어].'라고 말할 때는 명령문 형태로 Put on[Take off] your 뒤에 의류를 나타내는 단어를 붙여요. (Put on your hat. 네 모자를 써. / Take off your shoes. 네 신발을 벗어.)

B 다음 우리말에 맞게 알맞은 단어를 골라 문장을 완성하세요.

1 네 모자를 써. [scarf | hat]

→ Put on your _____ .

2 네 신발을 벗어. [shoes | pants]

→ Take off your _____ .

3 네 스카프를 해. [jacket | scarf]

→ Put on your _____ .

C 다음 우리말에 맞게 카드를 배열한 후, 완성된 문장을 큰 소리로 읽으세요.

1 **네 재킷을 벗어.**

[take] [your] [jacket] [off] [.]

→ _____

2 **네 바지를 입어.**

[put] [pants] [on] [your] [.]

→ _____

17 I'm going to the zoo.

단어를 배워요

Listen & Speak

A 다음 그림 카드를 보면서 단어와 우리말 뜻을 함께 듣고 따라 말하세요.

단어 듣기

zoo

동물원

park

공원

bank

은행

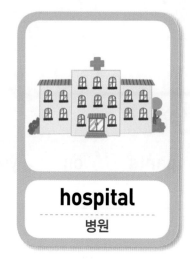

hospital

병원

market

시장

B 다음 단어를 읽고 빠진 철자를 채운 후, 단어와 우리말 뜻을 쓰세요.

zoo [주우] → z☐☐

zoo

뜻

park [파아r크] → pa☐k

park

뜻

bank [뱅ㅋ] → ba☐☐

bank

뜻

→ a는 발음되지 않아요.

hospital [하스피를] → h☐spi☐al

hospital

뜻

market [마아r킽] → ☐ark☐t

market

뜻

Choose & Circle

A 다음 색으로 된 단어에 알맞은 우리말 뜻을 골라 동그라미 하세요.

문장 듣기

1 I'm going to the park.

[아임 고우잉 투 더 파아r크]

동물원

공원

2 I'm going to the zoo.

[아임 고우잉 투 더 주우]

시장

동물원

3 I'm going to the market.

[아임 고우잉 투 더 마아r킽]

은행

시장

4 I'm going to the bank.

[아임 고우잉 투 더 뱅ㅋ]

병원

은행

5 I'm going to the hospital.

[아임 고우잉 투 더 하스피를]

공원

병원

배운 단어로 문장을 이해해요!

> I'm은 I와 am을 줄여서 쓴 말이고, go는 '가다'라는 뜻이에요.

> '나는 ~(장소)에 가고 있어.'라고 현재 가고 있는 장소에 대해 말할 때는 I'm going to the 뒤에 장소를 나타내는 단어를 붙여 표현해요. (I'm going to the zoo. 나는 동물원에 가고 있어.)

> 이 표현은 현재 어디에 가고 있는지 묻는 Where are you going?(너 어디 가니?)에 대한 대답으로 쓰여요.

B 다음 그림과 우리말에 맞게 알맞은 단어를 골라 문장을 완성하세요.

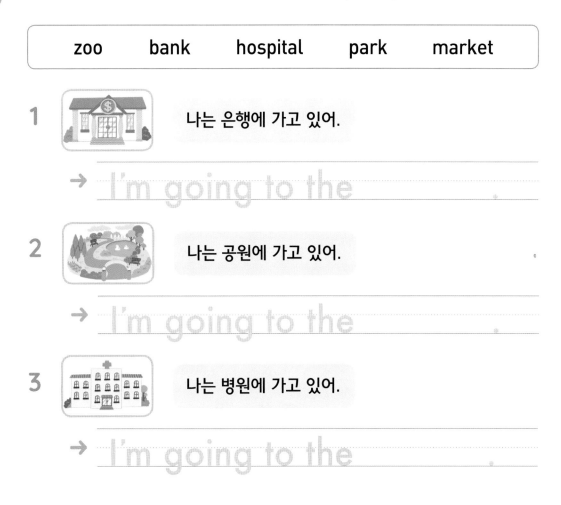

zoo   bank   hospital   park   market

1 나는 은행에 가고 있어.

→ I'm going to the   .

2 나는 공원에 가고 있어.

→ I'm going to the   .

3 나는 병원에 가고 있어.

→ I'm going to the   .

C 다음 우리말에 맞게 카드를 배열한 후, 완성된 문장을 큰 소리로 읽으세요.

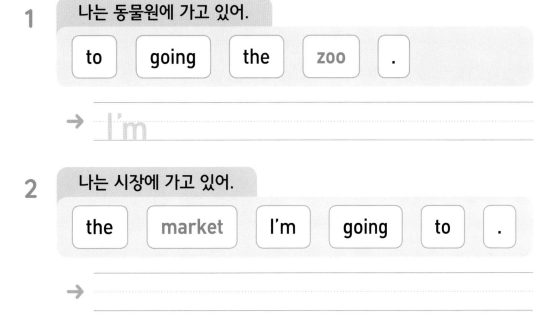

1 나는 동물원에 가고 있어.

| to | going | the | zoo | . |

→ I'm

2 나는 시장에 가고 있어.

| the | market | I'm | going | to | . |

→

18

Do you want some soup?

단어를 배워요

Listen & Speak

A 다음 그림 카드를 보면서 단어와 우리말 뜻을 함께 듣고 따라 말하세요.

단어 듣기

soup
수프

curry
카레

hamburger
햄버거

egg
달걀

cookie
쿠키

B 다음 단어를 읽고 빠진 철자를 채운 후, 단어와 우리말 뜻을 쓰세요.

soup　[쑤웊]　→　s☐☐p

soup

뜻

curry　[커어리]　→　c☐rr☐

curry

뜻

hamburger　[햄버어*r*거*r*]　→　ham☐ur☐er

hamburger

뜻

egg　[에그]　→　☐gg

egg

뜻

cookie　[쿠키]　→　cook☐☐

cookie

뜻

Choose & Circle

A 다음 색으로 된 단어에 알맞은 우리말 뜻을 골라 동그라미 하세요.

문장 듣기

1 Do you want some curry?

[두 유 원ㅌ 썸 커어리]

카레 / 수프 · · · · · · 좀 먹을래?

2 Do you want some soup?

[두 유 원ㅌ 썸 쑤웊]

달걀 / 수프 · · · · · · 좀 먹을래?

3 Do you want some eggs?

[두 유 원ㅌ 썸 에그즈]

햄버거 / 달걀 · · · · · · 좀 먹을래?

4 Do you want some cookies?

[두 유 원ㅌ 썸 쿠키즈]

쿠키 / 카레 · · · · · · 좀 먹을래?

5 Do you want some hamburgers?

[두 유 원ㅌ 썸 햄버어*r*거*r*즈]

쿠키 / 햄버거 · · · · · · 좀 먹을래?

배운 단어로 문장을 이해해요!

▶ want는 '원하다'라는 뜻이고, some은 '약간의'라는 뜻이에요.

▶ 음식을 권할 때는 Do you want some 뒤에 음식을 나타내는 단어를 붙여 '~(음식) 좀 먹을래?'라고 해요.
(Do you want some soup? 수프 좀 먹을래?)

▶ egg(달걀), cookie(쿠키), hamburger(햄버거)는 셀 수 있으므로 여러 개일 때는 단어 끝에 -s를 붙여 복수형으로 써요.

82

B 다음 그림과 우리말에 맞게 알맞은 단어를 골라 문장을 완성하세요.

| curry | cookies | soup | eggs | hamburgers |

1 수프 좀 먹을래?

→ Do you want some _____ ?

2 카레 좀 먹을래?

→ Do you want some _____ ?

3 달걀 좀 먹을래?

→ Do you want some _____ ?

C 다음 우리말에 맞게 카드를 배열한 후, 완성된 문장을 큰 소리로 읽으세요.

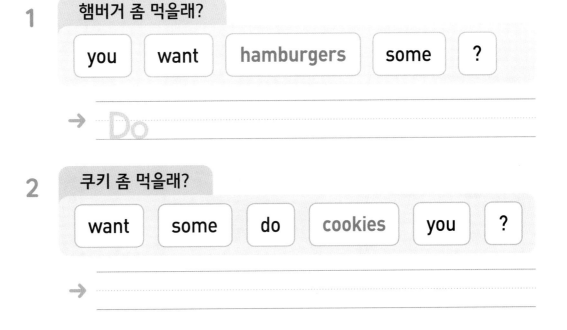

1 햄버거 좀 먹을래?

you   want   hamburgers   some   ?

→ Do _____

2 쿠키 좀 먹을래?

want   some   do   cookies   you   ?

→ _____

19 I can get there by bicycle.

단어를 배워요

Listen & Speak

A 다음 그림 카드를 보면서 단어와 우리말 뜻을 함께 듣고 따라 말하세요.

단어 듣기

bicycle
자전거

bike도 '자전거'를 뜻해요.

subway
지하철

taxi
택시

boat
보트, (작은) 배

helicopter
헬리콥터

B 다음 단어를 읽고 빠진 철자를 채운 후, 단어와 우리말 뜻을 쓰세요.

bicycle [바이씨클] → bi◻y◻le

bicycle

뜻

subway [써브웨이] → s◻b◻ay

subway

뜻

taxi [택시] → ta◻i

taxi

뜻

boat [보우ㅌ] → b◻◻t

boat

뜻

[헬리캎터r]

helicopter → he◻ico◻ter

helicopter

뜻

I can get there by bicycle.
나는 자전거로 거기에 갈 수 있어.

Choose & Circle

A 다음 색으로 된 단어에 알맞은 우리말 뜻을 골라 동그라미 하세요.

문장 듣기

1 **I can get there by bicycle.**
[아이 캔 겥 데어r 바이 바이씨클]

보트
자전거

2 **I can get there by taxi.**
[아이 캔 겥 데어r 바이 택시]

택시
지하철

3 **I can get there by boat.**
[아이 캔 겥 데어r 바이 보우ㅌ]

헬리콥터
보트

4 **I can get there by subway.**
[아이 캔 겥 데어r 바이 써브웨이]

지하철
자전거

5 **I can get there by helicopter.**
[아이 캔 겥 데어r 바이 헬리캎터r]

택시
헬리콥터

배운 단어로 문장을 이해해요!

> can은 동사 앞에 쓰여 '~할 수 있다'라는 뜻을 더해줘요.

> get there는 '거기에 가다'라는 뜻이고, by는 '~로'라는 뜻으로 방법·수단을 나타내요.

> '나는 ~(교통수단)으로 거기에 갈 수 있어.'라고 말할 때는 I can get there by 뒤에 교통수단을 나타내는 단어를 붙여 표현해요. (I can get there by bicycle. 나는 자전거로 거기에 갈 수 있어.)

B Choose & Write

다음 그림과 우리말에 맞게 알맞은 단어를 골라 문장을 완성하세요.

| taxi | boat | bicycle | subway | helicopter |

1 나는 지하철로 거기에 갈 수 있어.

→ I can get there by _____ .

2 나는 자전거로 거기에 갈 수 있어.

→ I can get there by _____ .

3 나는 택시로 거기에 갈 수 있어.

→ I can get there by _____ .

C Write & Speak

다음 우리말에 맞게 카드를 배열한 후, 완성된 문장을 큰 소리로 읽으세요.

1 나는 헬리콥터로 거기에 갈 수 있어.

| by | helicopter | get | there | . |

→ I can _____

2 나는 보트로 거기에 갈 수 있어.

| can | get | there | I | boat | by | . |

→ _____

20
I want a bottle of water.

단어를 배워요

Listen & Speak

A 다음 그림 카드를 보면서 단어와 우리말 뜻을 함께 듣고 따라 말하세요.

단어 듣기

bottle

병, 통

bowl

그릇, 사발

cup

컵, 잔

glass

(유리)잔

B 다음 단어를 읽고 빠진 철자를 채운 후, 단어와 우리말 뜻을 쓰세요.

bottle [바를] → bo☐☐le

bottle

뜻

bowl [보울] → b☐☐l

bowl

뜻

cup [컵] → cu☐

cup

뜻

glass [글래ㅆ] → gla☐☐

glass

뜻

문장으로 확인해요   I want a bottle of water.
나는 물 한 병을 원해.

Look & Match

A 다음 그림에 맞게 색으로 된 알맞은 단어와 우리말 뜻을 연결하세요.

문장 듣기

1　　I want a **cup** of tea.
[아이 원ㅌ 어 컵 어브 티이]　　그릇

2　　I want a **bowl** of rice.
[아이 원ㅌ 어 보울 어브 라이스]　　컵

3　　I want a **glass** of milk.
[아이 원ㅌ 어 글래ㅆ 어브 밀ㅋ]　　병

4　　I want a **bottle** of water.
[아이 원ㅌ 어 바를 어브 워어러r]　　(유리)잔

배운 단어로 문장을 이해해요!

> 일정한 형태가 없는 물질의 양을 표현할 때는 '담는 용기'를 뜻하는 단어를 이용해 〈a+용기+of+물질〉로 써요.

> a bottle of water / a cup of tea / a bowl of rice / a glass of milk
　　물 한 병　　　　차 한 잔　　　밥 한 그릇　　　우유 한 잔

> 원하는 것을 요청할 때는 I want 뒤에 대상이 되는 단어를 붙여 '나는 ~을 원해.'라고 해요.
(I want a bottle of water. 나는 물 한 병을 원해.)

Choose & Write

B 다음 우리말에 맞게 알맞은 단어를 골라 문장을 완성하세요.

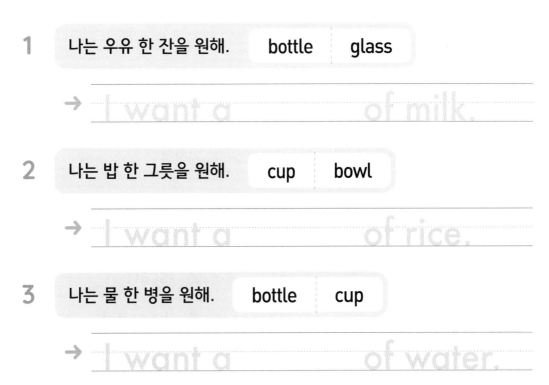

1 나는 우유 한 잔을 원해.　bottle　glass

→ I want a _____ of milk.

2 나는 밥 한 그릇을 원해.　cup　bowl

→ I want a _____ of rice.

3 나는 물 한 병을 원해.　bottle　cup

→ I want a _____ of water.

Write & Speak

C 다음 우리말에 맞게 카드를 배열한 후, 완성된 문장을 큰 소리로 읽으세요.

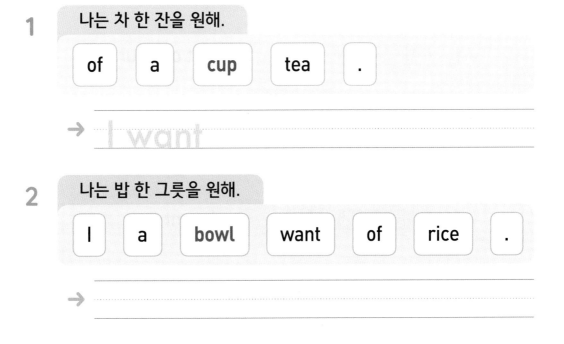

1 나는 차 한 잔을 원해.

of　a　cup　tea　.

→ I want

2 나는 밥 한 그릇을 원해.

I　a　bowl　want　of　rice　.

→

Review | 16-20 |

A 다음 단어에 알맞은 우리말 뜻을 찾아 쓰세요.

은행 ⌐ 바지 ⌐ 달걀 ⌐ 지하철

병원 ⌐ 스카프 ⌐ 보트 ⌐ 햄버거

1   pants _____
2   scarf _____
3   bank _____
4   hospital _____
5   boat _____
6   hamburger _____
7   egg _____
8   subway _____

B 다음 우리말에 맞게 빈칸에 알맞은 단어를 찾아 쓰세요.

| zoo | bicycle | hat | bottle | soup |

1   네 모자를 써.   Put on your _____.

2   수프 좀 먹을래?   Do you want some _____?

3   나는 동물원에 가고 있어.   I'm going to the _____.

4   나는 물 한 병을 원해.   I want a _____ of water.

5   나는 자전거로 그곳에 갈 수 있어.   I can get there by _____.

정답 121쪽

C

다음 우리말 뜻에 알맞은 단어를 찾아 동그라미 한 후, 빈칸에 쓰세요.

h	j	a	c	k	e	t
c	m	a	r	k	e	t
u	o	c	b	c	q	h
r	b	g	u	n	k	t
r	x	n	m	p	x	a
y	e	a	b	d	u	x
b	p	a	r	k	e	i

1 재킷 _____

2 카레 _____

3 시장 _____

4 컵 _____

5 택시 _____

6 공원 _____

D

다음 사다리를 타면서 그림과 단어가 일치하면 ○표, 일치하지 <u>않으면</u> X표 하세요.

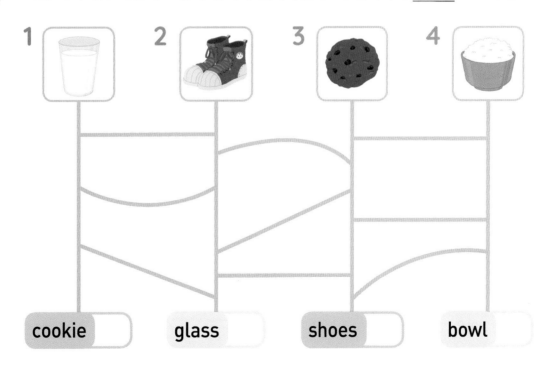

1

2

3

4

cookie

glass

shoes

bowl

Self-check! 자신이 외운 16~20의 단어 개수 ☐ 1~9개 ☐ 10~19개 ☐ 20~24개

실력 Test

A **Step 1** 다음 우리말 뜻에 알맞은 단어에 ✓ 하세요.

01 얼룩말 ▶ ☐ zebra　☐ giraffe
02 열둘 ▶ ☐ twelve　☐ twenty
03 학교 ▶ ☐ lunch　☐ school
04 고기 ▶ ☐ fish　☐ meat
05 열다섯 ▶ ☐ fifteen　☐ eleven
06 신발 ▶ ☐ pants　☐ shoes
07 카레 ▶ ☐ curry　☐ soup
08 시장 ▶ ☐ park　☐ market
09 운전사 ▶ ☐ baker　☐ driver
10 손목시계 ▶ ☐ brush　☐ watch

11 은행 ▶ ☐ bank　☐ bed
12 배부른 ▶ ☐ tired　☐ full
13 공원 ▶ ☐ park　☐ zoo
14 읽다 ▶ ☐ listen　☐ read
15 소녀 ▶ ☐ girl　☐ lady
16 손가락 ▶ ☐ finger　☐ toe
17 마른 ▶ ☐ fat　☐ thin
18 바구니 ▶ ☐ basket　☐ hat
19 남자 ▶ ☐ man　☐ boy
20 아픈 ▶ ☐ sick　☐ busy

Step 2 다음 우리말 뜻에 알맞은 단어를 쓰세요.

21 달걀 ＿＿＿＿＿＿＿＿＿＿
22 할아버지 ＿＿＿＿＿＿＿＿＿＿
23 종이 ＿＿＿＿＿＿＿＿＿＿
24 점심 식사 ＿＿＿＿＿＿＿＿＿＿
25 돼지고기 ＿＿＿＿＿＿＿＿＿＿
26 열일곱 ＿＿＿＿＿＿＿＿＿＿
27 귀여운 ＿＿＿＿＿＿＿＿＿＿
28 취침 (시간) ＿＿＿＿＿＿＿＿＿＿
29 여우 ＿＿＿＿＿＿＿＿＿＿
30 농구 ＿＿＿＿＿＿＿＿＿＿

31 생일 ＿＿＿＿＿＿＿＿＿＿
32 쿠키 ＿＿＿＿＿＿＿＿＿＿
33 야구 ＿＿＿＿＿＿＿＿＿＿
34 열여덟 ＿＿＿＿＿＿＿＿＿＿
35 할머니 ＿＿＿＿＿＿＿＿＿＿
36 배드민턴 ＿＿＿＿＿＿＿＿＿＿
37 저녁 식사 ＿＿＿＿＿＿＿＿＿＿
38 발가락 ＿＿＿＿＿＿＿＿＿＿
39 아름다운 ＿＿＿＿＿＿＿＿＿＿
40 햄버거 ＿＿＿＿＿＿＿＿＿＿

B

Step 1 다음 단어에 알맞은 우리말 뜻에 ✔ 하세요.

01 **singer** ☐ 가수 ☐ 댄서   11 **subway** ☐ 택시 ☐ 지하철

02 **beef** ☐ 닭고기 ☐ 소고기   12 **wolf** ☐ 늑대 ☐ 여우

03 **party** ☐ 생일 ☐ 파티   13 **glass** ☐ (유리)잔 ☐ 그릇

04 **parents** ☐ 할머니 ☐ 부모   14 **father** ☐ 어머니 ☐ 아버지

05 **thirteen** ☐ 열셋 ☐ 열다섯   15 **candle** ☐ 초 ☐ 케이크

06 **present** ☐ 선물 ☐ 종이   16 **jacket** ☐ 모자 ☐ 재킷

07 **fourteen** ☐ 열둘 ☐ 열넷   17 **tennis** ☐ 테니스 ☐ 농구

08 **tired** ☐ 목마른 ☐ 피곤한   18 **cut** ☐ 자르다 ☐ 그리다

09 **pants** ☐ 바지 ☐ 스카프   19 **fat** ☐ 귀여운 ☐ 뚱뚱한

10 **twenty** ☐ 스물 ☐ 열여섯   20 **lady** ☐ 숙녀 ☐ 신사

Step 2 다음 단어에 알맞은 우리말 뜻을 쓰세요.

21 tape _____   31 boat _____

22 draw _____   32 thirsty _____

23 dancer _____   33 baker _____

24 bowl _____   34 fish _____

25 shoulder _____   35 taxi _____

26 hospital _____   36 paint _____

27 scarf _____   37 cup _____

28 nineteen _____   38 woman _____

29 tooth _____   39 elephant _____

30 helicopter _____   40 gentleman _____

실력 Test

C

Step 1 다음 우리말에 맞게 빈칸에 알맞은 단어를 쓰세요.

01	저 기린을 봐.	Look at the _____.
02	너는 바쁘니?	Are you _____?
03	아침 식사를 할 시간이야.	It's time for _____.
04	그는 잘생겼어.	He is _____.
05	그녀는 치과 의사니?	Is she a _____?
06	너는 닭고기를 좋아하니?	Do you like _____?
07	네 모자를 써.	Put on your _____.
08	너는 그 소년을 아니?	Do you know the _____?
09	연필 열여섯 자루가 있어.	There are _____ pencils.
10	나는 자전거로 거기에 갈 수 있어.	I can get there by _____.

Step 2 다음 영어 문장에 맞게 빈칸에 알맞은 우리말 뜻을 쓰세요.

11	Let's play soccer.	_____ 하자.
12	This is my head.	이것은 내 _____ 야.
13	I'm going to the zoo.	나는 _____ 에 가고 있어.
14	It's my cake.	그것은 내 _____ 야.
15	Here is a brush.	여기 _____ 이 있어.
16	I am listening.	나는 _____ 있어.
17	I want a bottle of water.	나는 물 한 _____ 을 원해.
18	He is eleven years old.	그는 _____ 살이야.
19	I love my mother.	나는 나의 _____ 를 사랑해.
20	Do you want some soup?	_____ 좀 먹을래?

정답

초등 영어 영단어 **4A**

정답
QR 코드

완자

공부력 가이드

국어
맞춤법
바로 쓰기
1~2학년용
4책

쓰기력

전과목
어휘
1~6학년용
12책

전과목
한자
어휘
1~6학년용
12책

영어
파닉스
1~2학년용
2책

영어
영단어
3~6학년용
8책

어휘력

국어
독해
1~6학년용
12책

한국사
독해
인물편
3~6학년용
4책

한국사
독해
시대편
3~6학년용
4책

독해력

수학
계산
1~6학년용
12책

계산력

완자 공부력 시리즈로 공부 근육을 키워요!

매일 성장하는
초등 자기개발서
ⓦ 완자
공부력

학습의 기초가 되는 읽기, 쓰기, 셈하기와 관련된
공부력을 키워야 여러 교과를 터득하기 쉬워집니다.
또한 어휘력과 독해력, 쓰기력, 계산력을 바탕으로 한
'공부력'은 자기주도 학습으로 상당한 단계까지 올라갈 수
있는 밑바탕이 되어 줍니다. 그래서 매일 꾸준한 학습이
가능한 '**완자 공부력 시리즈**'로 공부하면 **자기주도 학습**이
가능한 튼튼한 공부 근육을 키울 수 있을 것이라 확신합니다.

효과적인 공부력 강화 계획을 세워요!

학년별 공부 계획

내 학년에 맞게 꾸준하게 공부 계획을 세워요!

		1-2학년	3-4학년	5-6학년
기본	독해	국어 독해 1A 1B 2A 2B	국어 독해 3A 3B 4A 4B	국어 독해 5A 5B 6A 6B
	계산	수학 계산 1A 1B 2A 2B	수학 계산 3A 3B 4A 4B	수학 계산 5A 5B 6A 6B
	어휘	전과목 어휘 1A 1B 2A 2B	전과목 어휘 3A 3B 4A 4B	전과목 어휘 5A 5B 6A 6B
		파닉스 1 2	영단어 3A 3B 4A 4B	영단어 5A 5B 6A 6B
확장	어휘	전과목 한자 어휘 1A 1B 2A 2B	전과목 한자 어휘 3A 3B 4A 4B	전과목 한자 어휘 5A 5B 6A 6B
	쓰기	맞춤법 바로 쓰기 1A 1B 2A 2B		
	독해		한국사 독해 인물편 1 2 3 4	
			한국사 독해 시대편 1 2 3 4	

○ 시기별 공부 계획

학기 중에는 **기본**, 방학 중에는 **기본 + 확장**으로 공부 계획을 세워요!

방학 중			
학기 중			
기본			확장
독해	계산	어휘	어휘, 쓰기, 독해
국어 독해	수학 계산	전과목 어휘	전과목 한자 어휘
		파닉스(1~2학년) 영단어(3~6학년)	맞춤법 바로 쓰기(1~2학년) 한국사 독해(3~6학년)

예시 초1 학기 중 공부 계획표 주 5일 하루 3과목 (45분)

월	화	수	목	금
국어 독해	국어 독해	국어 독해	국어 독해	국어 독해
수학 계산	수학 계산	수학 계산	수학 계산	수학 계산
전과목 어휘	파닉스	전과목 어휘	전과목 어휘	파닉스

예시 초4 방학 중 공부 계획표 주 5일 하루 4과목 (60분)

월	화	수	목	금
국어 독해	국어 독해	국어 독해	국어 독해	국어 독해
수학 계산	수학 계산	수학 계산	수학 계산	수학 계산
전과목 어휘	영단어	전과목 어휘	전과목 어휘	영단어
한국사 독해 인물편	전과목 한자 어휘	한국사 독해 인물편	전과목 한자 어휘	한국사 독해 인물편

초등 필수 영단어 권별 목록

01	It is a desk.	• desk 책상 • chair 의자 • sofa 소파 • bed 침대 • table 식탁
02	Go.	• go 가다 • come 오다 • stop 멈추다 • sit 앉다 • stand 서다
03	This is my eye.	• eye 눈 • ear 귀 • nose 코 • mouth 입 • face 얼굴
04	I have a pencil.	• pencil 연필 • ruler 자 • pen 펜 • textbook 교과서 • eraser 지우개 • have 가지다
05	It is red.	• red 빨간색 • blue 파란색 • green 초록색 • yellow 노란색 • black 검은색
06	I like apples.	• apple 사과 • banana 바나나 • orange 오렌지 • grape 포도 • pear 배 • like 좋아하다
07	Do you have a dog?	• dog 개 • cat 고양이 • bird 새 • rabbit 토끼 • fish 물고기
08	It is my book.	• book 책 • doll 인형 • robot 로봇 • ball 공 • bat 방망이
09	I can sing.	• sing 노래하다 • swim 수영하다 • cook 요리하다 • skate 스케이트를 타다 • ski 스키를 타다
10	It is big.	• big (크기가) 큰 • small (크기가) 작은 • long (길이가) 긴 • short (길이가) 짧은
11	I don't like onions.	• onion 양파 • carrot 당근 • potato 감자 • tomato 토마토 • corn 옥수수
12	Is it a pig?	• pig 돼지 • cow 소 • horse 말 • chicken 닭 • duck 오리
13	This is my mom.	• mom 엄마 • dad 아빠 • sister 여자 형제(언니, 누나, 여동생) • brother 남자 형제(형, 오빠, 남동생) • family 가족
14	I don't have a crayon.	• crayon 크레용 • notebook 공책 • pencil case 필통 • glue 풀 • scissors 가위
15	I want candy.	• candy 사탕 • ice cream 아이스크림 • pie 파이 • chocolate 초콜릿 • dessert 디저트 • want 원하다
16	That is a car.	• car 자동차 • bus 버스 • train 기차 • ship 배 • airplane 비행기
17	Look at the sun.	• sun 해 • moon 달 • cloud 구름 • star 별 • sky 하늘 • look 보다
18	We buy cheese.	• cheese 치즈 • bread 빵 • ham 햄 • butter 버터 • jam 잼 • buy 사다
19	It is sunny.	• sunny 화창한 • rainy 비가 오는 • snowy 눈이 오는 • cloudy 흐린, 구름이 낀 • windy 바람이 부는 • foggy 안개가 낀
20	Don't run.	• run 달리다, 뛰다 • talk 말하다 • touch 만지다 • drink 마시다 • enter 들어오다

01	This is a bag.	• bag 가방 • camera 카메라 • clock 시계 • album 앨범 • umbrella 우산
02	It's a pink ball.	• pink 분홍색 • white 흰색 • brown 갈색 • gray 회색 • purple 보라색
03	How many monkeys?	• monkey 원숭이 • tiger 호랑이 • lion 사자 • bear 곰 • panda 판다
04	I have one book.	• one 1, 하나 • two 2, 둘 • three 3, 셋 • four 4, 넷 • five 5, 다섯
05	I am six years old.	• six 6, 여섯 • seven 7, 일곱 • eight 8, 여덟 • nine 9, 아홉 • ten 10, 열
06	Touch your hand.	• hand 손 • neck 목 • arm 팔 • leg 다리 • foot 발
07	Do you like lemons?	• lemon 레몬 • melon 멜론 • kiwi 키위 • peach 복숭아 • strawberry 딸기
08	I can't dance.	• dance 춤추다 • jump 점프하다 • dive 다이빙하다 • fly 날다 • drive 운전하다
09	I drink milk.	• milk 우유 • juice 주스 • water 물 • soda 탄산음료 • tea 차
10	She is tall.	• tall (키가) 큰 • short (키가) 작은 • old 나이가 많은 • young 어린 • pretty 예쁜 • ugly 못생긴
11	Is this your cap?	• cap 모자 • skirt 치마 • dress 원피스, 드레스 • shirt 셔츠 • coat 코트
12	Let's play together.	• play 놀다 • walk 걷다 • clean 청소하다 • work 일하다 • eat 먹다 • together 함께
13	Look at the flower.	• flower 꽃 • tree 나무 • leaf 나뭇잎 • plant 식물 • rainbow 무지개
14	We eat pizza.	• pizza 피자 • salad 샐러드 • rice 밥, 쌀 • steak 스테이크 • spaghetti 스파게티
15	I'm happy.	• happy 행복한 • sad 슬픈 • angry 화난 • hungry 배고픈 • sleepy 졸리운
16	It's warm.	• warm 따뜻한 • hot 더운 • cool 시원한 • cold 추운
17	He is a doctor.	• doctor 의사 • nurse 간호사 • cook 요리사 • farmer 농부 • pilot 조종사
18	Good morning.	• morning 아침 • noon 정오 • afternoon 오후 • evening 저녁 • night 밤 • good 좋은
19	Open the door, please.	• door 문 • window 창문 • open 열다 • close 닫다 • push 밀다 • pull 당기다
20	There is a mouse.	• mouse 쥐 • snake 뱀 • turtle 거북이 • frog 개구리 • iguana 이구아나

4A

단어 수: 100개

초등 필수 영단어 권말 부록

01	**I love my mother.**	• mother 어머니 • father 아버지 • grandmother 할머니 • grandfather 할아버지 • parents 부모 • love 사랑하다
02	**This is my head.**	• head 머리 • tooth 이 • shoulder 어깨 • finger 손가락 • toe 발가락
03	**Here is a brush.**	• brush 붓 • watch 손목시계 • basket 바구니 • paper 종이 • tape (접착용) 테이프
04	**Is she a dentist?**	• dentist 치과 의사 • singer 가수 • dancer 댄서, 무용가 • baker 제빵사 • driver 운전사
05	**It's time for breakfast.**	• breakfast 아침 식사 • school 학교 • lunch 점심 식사 • dinner 저녁 식사 • bed 취침 (시간) • time 시간
06	**Let's play soccer.**	• soccer 축구 • baseball 야구 • basketball 농구 • tennis 테니스 • badminton 배드민턴 • play 경기를 하다
07	**Are you busy?**	• busy 바쁜 • full 배부른 • sick 아픈 • tired 피곤한 • thirsty 목마른
08	**Do you like chicken?**	• chicken 닭고기 • fish 생선, 물고기 • pork 돼지고기 • beef 소고기 • meat 고기 • like 좋아하다
09	**He is eleven years old.**	• eleven 11, 열하나 • twelve 12, 열둘 • thirteen 13, 열셋 • fourteen 14, 열넷 • fifteen 15, 열다섯
10	**There are sixteen pencils.**	• sixteen 16, 열여섯 • seventeen 17, 열일곱 • eighteen 18, 열여덟 • nineteen 19, 열아홉 • twenty 20, 스물 • pencil 연필
11	**It's my cake.**	• cake 케이크 • candle 초 • present 선물 • birthday 생일 • party 파티
12	**Do you know the boy?**	• boy 소년 • girl 소녀 • man 남자 • woman 여자 • gentleman 신사 • lady 숙녀 • know 알다
13	**Look at the giraffe.**	• giraffe 기린 • wolf 늑대 • elephant 코끼리 • fox 여우 • zebra 얼룩말 • look 보다
14	**He is handsome.**	• handsome 잘생긴 • beautiful 아름다운 • fat 뚱뚱한 • thin 마른 • cute 귀여운
15	**I am listening.**	• listen 듣다 • read 읽다 • draw (연필로) 그리다 • paint (물감으로) 그리다 • cut 자르다
16	**Put on your hat.**	• hat (테가 있는) 모자 • scarf 스카프, 목도리 • jacket 재킷, (셔츠 위에 입는) 상의 • pants 바지 • shoes 신발 • put on ~을 입다 • take off ~을 벗다
17	**I'm going to the zoo.**	• zoo 동물원 • park 공원 • bank 은행 • hospital 병원 • market 시장 • go 가다
18	**Do you want some soup?**	• soup 수프 • curry 카레 • hamburger 햄버거 • egg 달걀 • cookie 쿠키 • want 원하다 • some 약간의
19	**I can get there by bicycle.**	• bicycle 자전거 • subway 지하철 • taxi 택시 • boat 보트, (작은) 배 • helicopter 헬리콥터
20	**I want a bottle of water.**	• bottle 병, 통 • bowl 그릇, 사발 • cup 컵, 잔 • glass (유리)잔 • water 물 • rice 밥, 쌀 • tea 차 • milk 우유

104

01	**What is your name?**	• name 이름　• hobby 취미　• dream 꿈　• address 주소　• number 번호, 숫자 • phone number 전화번호
02	**There is a picture.**	• picture 그림, 사진　• mirror 거울　• fan 선풍기　• lamp 램프, 등　• vase 꽃병
03	**It's a roof.**	• roof 지붕　• wall 벽　• floor 바닥　• room 방　• house 집
04	**This is a blackboard.**	• blackboard 칠판　• locker 사물함　• student 학생　• teacher 선생님 • classroom 교실
05	**He is my uncle.**	• uncle (외)삼촌, 이모부, 고모부　• aunt 이모, 고모, (외)숙모　• cousin 사촌 • son 아들　• daughter 딸
06	**Where is the library?**	• library 도서관　• church 교회　• bakery 제과점　• post office 우체국 • police station 경찰서
07	**It's on the desk.**	• on ~ 위에　• under ~ 아래에　• in ~ 안에　• next to ~ 옆에　• desk 책상 • bag 가방
08	**I don't like ants.**	• ant 개미　• bee 벌　• spider 거미　• butterfly 나비　• bug 벌레, 작은 곤충
09	**He is a scientist.**	• scientist 과학자　• writer 작가　• actor 배우　• designer 디자이너　• model 모델
10	**Can you play the piano?**	• piano 피아노　• guitar 기타　• violin 바이올린　• flute 플루트　• cello 첼로 • play (악기를) 연주하다
11	**How much are the socks?**	• socks 양말　• jeans 청바지　• shorts 반바지　• gloves 장갑 • mittens 벙어리장갑
12	**She is sleeping.**	• sleep (잠을) 자다　• study 공부하다　• cry 울다　• smile 웃다, 미소 짓다 • write 쓰다
13	**The wall is high.**	• high 높은　• low 낮은　• old 오래된　• new 새로운
14	**It's one thirty.**	• thirty 30, 서른　• forty 40, 마흔　• fifty 50, 쉰　• twenty-five 25, 스물다섯 • o'clock ~시 (정각)
15	**It's sixty dollars.**	• sixty 60, 예순　• seventy 70, 일흔　• eighty 80, 여든　• ninety 90, 아흔 • hundred 100, 백　• thousand 1000, 천　• dollar 달러
16	**She has a baby.**	• baby 아기　• child 아이, 어린이　• friend 친구　• husband 남편　• wife 아내 • have ~이 있다
17	**I enjoy camping.**	• camping 캠핑　• hiking 하이킹　• jogging 조깅　• swimming 수영　• fishing 낚시 • enjoy 즐기다
18	**It takes three minutes.**	• minute 분　• hour 시간　• day 일, 하루　• week 주, 일주일　• month 달, 월, 개월 • year 해, 년(年)　• take (시간이) 걸리다
19	**It's Monday.**	• Monday 월요일　• Tuesday 화요일　• Wednesday 수요일　• Thursday 목요일 • Friday 금요일　• Saturday 토요일　• Sunday 일요일
20	**I can't find my key.**	• key 열쇠　• wallet 지갑　• drone 드론, 무인 항공기　• glasses 안경 • cell phone 휴대전화　• find 찾다, 발견하다

5A

단어 수: 103개

01	Whose kite is this?	• kite 연 • jump rope 줄넘기 줄 • purse 지갑 • balloon 풍선 • backpack 배낭
02	Can you kick the ball?	• kick (발로) 차다 • hit (공을) 치다 • throw 던지다 • catch 잡다 • pass 건네주다, 패스하다
03	I am in the bedroom.	• bedroom 침실 • living room 거실 • bathroom 화장실, 욕실 • kitchen 부엌 • dining room 식당
04	There is a stove in the kitchen.	• stove 가스레인지 • sink 싱크대, 개수대 • oven 오븐 • pan 팬, 프라이팬 • pot 냄비
05	Where is the hotel?	• hotel 호텔 • museum 박물관 • bookstore 서점 • theater 극장, 영화관 • department store 백화점
06	It's beside my house.	• beside ~ 옆에 • in front of ~ 앞에 • behind ~ 뒤에 • across from ~ 맞은편에 • between ~ 사이에
07	My shoes are clean.	• clean 깨끗한 • dirty 더러운 • dry 마른 • wet 젖은 • cheap (값이) 싼 • expensive (값이) 비싼
08	Which way is east?	• east 동쪽 • west 서쪽 • south 남쪽 • north 북쪽
09	I am from Korea.	• Korea 한국 • China 중국 • Japan 일본 • the U.S.A. 미국 • Canada 캐나다
10	This is a Korean flag.	• Korean 한국의, 한국어 • Chinese 중국의, 중국어 • Japanese 일본의, 일본어 • American 미국의 • Canadian 캐나다의 • flag 깃발
11	My favorite subject is English.	• English 영어 • math 수학 • science 과학 • subject 과목 • favorite 가장 좋아하는
12	Mary is a smart girl.	• smart 똑똑한 • kind 친절한 • shy 수줍음이 많은 • honest 정직한 • brave 용감한
13	I want to be a chef.	• chef 요리사, 주방장 • painter 화가 • firefighter 소방관 • police officer 경찰관 • vet 수의사
14	It smells good.	• smell 냄새가 나다 • sound 들리다 • taste 맛이 나다 • feel 느끼다 • look 보이다
15	Do you like hippos?	• hippo 하마 • parrot 앵무새 • kangaroo 캥거루 • penguin 펭귄 • cheetah 치타 • animal 동물
16	The building is very big.	• building 건물, 빌딩 • tower 탑, 타워 • bridge 다리 • palace 궁, 궁전 • street 거리, 길
17	Can you turn on the computer?	• computer 컴퓨터 • television 텔레비전 • radio 라디오 • light 전등, 불빛 • smartphone 스마트폰 • turn on (전자기기 등을) 켜다 • turn off (전자기기 등을) 끄다
18	Let's go bowling.	• bowling 볼링 • surfing 서핑, 파도타기 • in-line skating 인라인 스케이트 타기 • cycling 사이클링, 자전거 타기 • snowboarding 스노보드 타기
19	This pumpkin is fresh.	• pumpkin 호박 • cucumber 오이 • cabbage 양배추 • garlic 마늘 • vegetable 채소 • fresh 신선한
20	I want to make a kite.	• make 만들다 • grow 키우다, 재배하다 • learn 배우다 • win 이기다 • collect 수집하다, 모으다 • game 게임 • sticker 스티커

5B
단어 수: 105개

01 Do you like art class?
- art 미술, 예술 • music 음악 • P.E. 체육 • history 역사 • social studies 사회
- class 수업, 반

02 I will call Sam tonight.
- call 전화하다 • meet 만나다 • visit 방문하다 • help 돕다, 도와주다
- join 함께하다 • tonight 오늘밤

03 I'm going to travel to France.
- France 프랑스 • Germany 독일 • Spain 스페인 • Italy 이탈리아
- the U.K. 영국 • travel 여행하다

04 Can you speak French?
- French 불어, 프랑스의 • German 독일어, 독일의 • Spanish 스페인어, 스페인의
- Italian 이탈리아어, 이탈리아의 • speak 말하다

05 How was your trip?
- trip 여행 • vacation 방학 • holiday 휴일, 명절 • concert 공연, 연주회
- movie 영화

06 A dish is on the table.
- dish 접시 • fork 포크 • knife 칼 • spoon 숟가락 • chopsticks 젓가락

07 Is the man strong?
- strong 강한, 힘센 • weak 약한 • fast 빠른 • slow 느린 • rich 부유한
- poor 가난한

08 He is wearing a ring.
- ring 반지 • necklace 목걸이 • earring 귀걸이 • belt 허리띠, 벨트
- wear 착용하다

09 There is a king in the castle.
- king 왕, 국왕 • queen 여왕, 왕비 • prince 왕자 • princess 공주
- castle 성, 궁궐

10 Add some salt.
- salt 소금 • pepper 후추 • sugar 설탕 • oil 기름, 식용유 • sauce 소스, 양념
- add 더하다, 첨가하다

11 I have homework.
- homework 숙제 • question 질문 • test 시험 • quiz 퀴즈, 간단한 시험
- presentation 발표

12 May I borrow your pencil?
- borrow 빌리다 • use 사용하다 • try on (한번) 입어보다 • ask 묻다, 질문하다
- answer 대답하다

13 Eggs are good for your brain.
- brain 뇌, 두뇌 • heart 심장 • bone 뼈 • skin 피부 • body 몸, 신체

14 Be careful!
- careful 조심스러운, 주의 깊은 • quiet 조용한 • patient 참을성〔인내심〕이 있는
- ready 준비된 • polite 공손한, 예의 바른

15 We can see a hill there.
- hill 언덕 • mountain 산 • field 들판 • desert 사막 • forest 숲

16 We went to the lake.
- lake 호수 • river 강 • sea 바다 • beach 해변, 바닷가 • island 섬
- ocean 바다, 대양

17 Many people live in the town.
- town 소도시, 읍 • city 도시 • country 나라, 국가 • world 세계, 세상
- people 사람들 • live 살다, 생활하다

18 She was excited.
- excited 흥분한, 신이 난 • worried 걱정하는 • surprised 놀란
- scared 두려워하는 • shocked 충격을 받은

19 My dream is to be a musician.
- musician 뮤지션, 음악가 • comedian 코미디언, 희극배우
- announcer 아나운서, 해설자 • photographer 사진사 • movie director 영화감독

20 I'm fixing the bike now.
- fix 고치다, 수선하다 • wash 씻다, 세탁하다 • carry 운반하다, 나르다
- move 옮기다 • bake (빵을) 굽다

6A 단어 수: 108개

01	I like spring the most.	• spring 봄 • summer 여름 • fall 가을 • winter 겨울 • season 계절
02	Is this mango delicious?	• mango 망고 • pineapple 파인애플 • watermelon 수박 • plum 자두 • fruit 과일 • delicious 맛있는
03	I'd like pasta, please.	• pasta 파스타 • noodles 국수 • sandwich 샌드위치 • French fries 감자튀김 • fried rice 볶음밥 • order 주문하다
04	My friend Roy is so healthy.	• healthy 건강한 • calm 차분한 • popular 인기 있는 • lucky 운이 좋은 • funny 재미있는
05	He lives in Mexico.	• Mexico 멕시코 • India 인도 • Vietnam 베트남 • Egypt 이집트 • Australia 호주
06	Are you Mexican?	• Mexican 멕시코인(의) • Indian 인도인(의) • Vietnamese 베트남인(의) • Egyptian 이집트인(의) • Australian 호주인(의)
07	My elbow hurts.	• elbow 팔꿈치 • back 등 • knee 무릎 • ankle 발목 • hurt 아프다
08	Its shape is a circle.	• circle 원, 동그라미 • square 정사각형 • triangle 삼각형 • rectangle 직사각형 • oval 타원 • shape 모양
09	I'm in the sixth grade.	• first 첫 번째의 • second 두 번째의 • third 세 번째의 • fourth 네 번째의 • fifth 다섯 번째의 • sixth 여섯 번째의 • grade 학년
10	It's on the seventh floor.	• seventh 일곱 번째의 • eighth 여덟 번째의 • ninth 아홉 번째의 • tenth 열 번째의 • hundredth 백 번째의 • floor 층
11	How can I get to the gym?	• gym 체육관 • restaurant 음식점, 식당 • supermarket 슈퍼마켓 • airport 공항 • city hall 시청
12	Go straight.	• straight 곧장, 직진하여 • right 오른쪽으로 • left 왼쪽으로 • turn 돌다, 회전하다 • block 블록, 구역
13	Do you believe him?	• believe 믿다 • hate 싫어하다 • miss 그리워하다 • understand 이해하다 • remember 기억하다
14	I love your boots.	• boots 부츠 • sneakers 운동화 • blouse 블라우스 • sweater 스웨터 • vest 조끼 • clothes 의류
15	I go swimming on weekdays.	• weekday 평일 • weekend 주말 • today 오늘 • yesterday 어제 • tomorrow 내일
16	That's easy.	• easy 쉬운 • difficult 어려운 • right 맞은, 옳은 • wrong 틀린, 잘못된 • great 대단한, 훌륭한 • important 중요한
17	My birthday is in January.	• January 1월 • February 2월 • March 3월 • April 4월 • May 5월 • June 6월
18	My dad's birthday is in July.	• July 7월 • August 8월 • September 9월 • October 10월 • November 11월 • December 12월
19	How often do you watch TV?	• watch 보다 • exercise 운동하다 • feed 먹이를 주다 • ride 타다 • practice 연습하다
20	I always watch TV.	• always 항상, 언제나 • usually 보통 • often 종종, 자주 • sometimes 이따금 • never 거의 ~않는

01	My dad is a soldier.	• soldier 군인 • astronaut 우주비행사 • lawyer 변호사 • engineer 기사, 기술자 • businessman 사업가
02	I'm writing a letter.	• letter 편지 • e-mail 전자우편 • story 이야기 • report 보고서 • diary 일기장, 일기
03	When is the school festival?	• school festival 학교 축제 • field trip 현장 학습 • New Year's Day 설날, 새해 첫 날 • Children's Day 어린이날 • Christmas 성탄절
04	The school festival is April eleventh.	• eleventh 열한 번째 • twelfth 열두 번째 • thirteenth 열세 번째 • twentieth 스무 번째 • twenty-first 스물한 번째
05	You should wear a helmet.	• helmet 안전모, 헬멧 • seat belt 안전벨트 • life jacket 구명조끼 • sunglasses 선글라스 • mask 마스크
06	You have a headache.	• headache 두통 • stomachache 복통 • toothache 치통 • runny nose 콧물 • fever 열
07	He has curly hair.	• curly 곱슬곱슬한 • straight 곧은, 곧게 뻗은 • blond 금발의 • wavy 물결모양의 • thick 숱이 많은 • hair 머리카락, (동물의) 털
08	How heavy!	• heavy 무거운 • deep 깊은 • soft 부드러운 • nice 좋은, 즐거운 • dark 어두운 • wonderful 훌륭한, 멋진
09	Mars is bigger than Mercury.	• Mercury 수성 • Venus 금성 • Earth 지구 • Mars 화성 • Jupiter 목성 • Saturn 토성 • space 우주
10	Is there a towel in the bathroom?	• towel 수건 • toothbrush 칫솔 • toothpaste 치약 • soap 비누 • shampoo 샴푸
11	Korea is in Asia.	• America 아메리카 • Europe 유럽 • Asia 아시아 • Africa 아프리카 • Oceania 오세아니아
12	I think it is interesting.	• interesting 재미있는 • boring 지루한 • dangerous 위험한 • safe 안전한 • different 다른 • think 생각하다
13	We need a new refrigerator.	• refrigerator 냉장고 • vacuum cleaner 진공청소기 • washing machine 세탁기 • microwave 전자레인지
14	We'll stay here.	• stay 머무르다 • leave 떠나다 • wait 기다리다 • return 돌아오다, 돌아가다 • arrive 도착하다
15	Give me a towel.	• give 주다 • show 보여주다 • teach 가르쳐주다 • tell 말해주다
16	The woman is a friendly vet.	• friendly 다정한 • clever 재치 있는, 영리한 • famous 유명한 • diligent 부지런한 • lazy 게으른
17	I enjoy eating sweet food.	• sweet 단, 달콤한 • salty 짠, 짭짤한 • spicy 매운, 매콤한 • sour 신, 시큼한 • bitter 쓴, 씁쓸한
18	Sharks live in the sea.	• shark 상어 • octopus 문어 • whale 고래 • starfish 불가사리 • dolphin 돌고래
19	Don't forget to lock the door.	• forget 잊다 • lock 잠그다 • send 보내다 • bring 가져오다 • take 가져가다 • finish 끝마치다
20	We should recycle bottles.	• recycle 재활용하다 • save 절약하다 • energy 에너지 • reuse 재사용하다 • pick up 줍다 • trash 쓰레기

01

8쪽 9쪽

배운 단어를 확인해요!

mother 어머니
father 아버지
★ **grandmother** 할머니
grandfather 할아버지
parents 부모

★ nd가 함께 쓰인 단어들 중 일부는 d를 발음하지 않는다.

A Choose & Circle

다음 색으로 된 단어에 알맞은 우리말 뜻을 골라 동그라미 하세요.

문장 듣기

1 I love my father.
[아이 러브 마이 파더r]
부모님 / (아버지)

2 I love my grandmother.
[아이 러브 마이 그랜마더r]
(할머니) / 할아버지

3 I love my mother.
[아이 러브 마이 마더r]
(어머니) / 할머니

4 I love my parents.
[아이 러브 마이 페어런츠]
(부모님) / 어머니

5 I love my grandfather.
[아이 러브 마이 그랜파더r]
아버지 / (할아버지)

★ my(나의) 뒤에는 명사가 온다.

배운 단어로 문장을 이해해요!

★ love는 '사랑하다'라는 뜻이고, my는 '나의'라는 뜻이에요.
> '나는 나의 ~(가족)을 사랑해.'라고 말할 때는 I love my 뒤에 가족을 나타내는 단어를 붙여 표현해요.
(I love my mother. 나는 나의 어머니를 사랑해.)
> mother, father, parents에 grand를 붙이면 더 위의 관계를 나타내므로, 조부모는 grandparents가
되겠죠!

B Choose & Write

다음 그림과 우리말에 맞게 알맞은 단어를 골라 문장을 완성하세요.

코칭 Tip

father   grandmother   mother   grandfather

1 나는 나의 어머니를 사랑해.
→ I love my **mother**

2 나는 나의 아버지를 사랑해.
→ I love my **father**

3 나는 나의 할아버지를 사랑해.
→ I love my **grandfather**

C Write & Speak

다음 우리말에 맞게 카드를 배열한 후, 완성된 문장을 큰 소리로 읽으세요.

1 나는 나의 부모님을 사랑해.

| I | parents | love | my | . |

→ I love my parents.

2 나는 나의 할머니를 사랑해.

| my | I | love | grandmother | . |

→ I love my grandmother.

02

12쪽 13쪽

배운 단어를 확인해요!

head 머리
tooth 이
shoulder 어깨
finger 손가락
toe 발가락

A Choose & Circle

다음 색으로 된 단어에 알맞은 우리말 뜻을 골라 동그라미 하세요.

문장 듣기

1 This is my tooth.
[디쓰 이즈 마이 투우쓰]
이것은 내 (이) / 어깨 야.

2 This is my finger.
[디쓰 이즈 마이 핑거r]
이것은 내 (손가락) / 발가락 이야.

3 This is my toe.
[디쓰 이즈 마이 토우]
이것은 내 손가락 / (발가락) 이야.

4 This is my head.
[디쓰 이즈 마이 헤드]
이것은 내 이 / (머리) 야.

5 This is my shoulder.
[디쓰 이즈 마이 쇼울더r]
이것은 내 (어깨) / 머리 야.

★ 사물을 가리킬 때 쓰는 대명사에는 this(이것), that(저것), it(그것)이 있다.

배운 단어로 문장을 이해해요!

★ this(이것)는 가까이 있는 것을 가리킬 때 써요.
> 몸의 일부를 가리킬 때는 This is my 뒤에 신체 부위를 나타내는 단어를 붙여 '이것은 내 ~(신체 부위)야.'
라고 해요. (This is my head. 이것은 내 머리야.)
> 두 개 이상인 '손가락, 발가락, 어깨'는 -s를 붙여 복수형으로도 나타내요.
> tooth의 복수형은 tooths가 아니라 teeth로 형태가 달라지는 것에 주의하세요!

B Choose & Write

다음 그림에 맞게 알맞은 단어를 골라 문장을 완성하세요.

head   tooth   shoulder   finger   toe

1 → This is my **finger**

2 → This is my **tooth**

3 → This is my **toe**

★ 문장의 첫 글자는 대문자로 쓴다.

C Write & Speak

다음 우리말에 맞게 카드를 배열한 후, 완성된 문장을 큰 소리로 읽으세요.

1 이것은 내 머리야.

| this | is | head | my | . |

★→ This is my head.

2 이것은 내 어깨야.

| my | shoulder | is | this | . |

→ This is my shoulder.

03

16쪽 / 17쪽

배운 단어를 확인해요!

brush 붓
⭐ **watch** 손목시계
basket 바구니
paper 종이
tape (접착용) 테이프

⭐ 단어 중간에 t가 있는 단어들 중 일부는 t를 발음하지 않는다.

A Look & Match
다음 그림에 맞게 색으로 된 알맞은 단어와 우리말 뜻을 연결하세요.

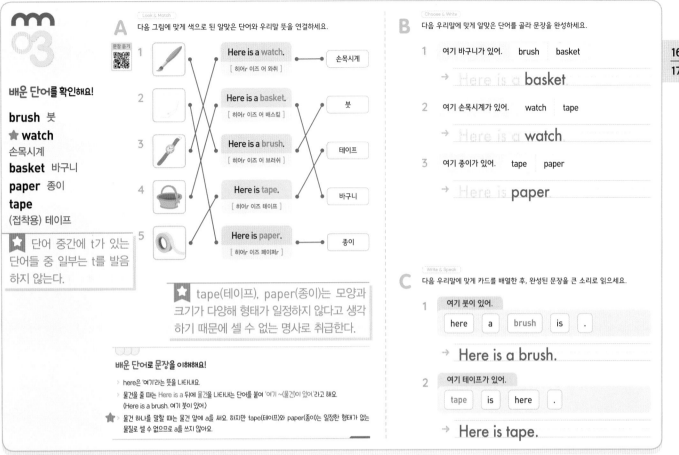

1. Here is a watch. [히어r 이즈 어 와취] — 손목시계
2. Here is a basket. [히어r 이즈 어 배스킽] — 붓
3. Here is a brush. [히어r 이즈 어 브러쉬] — 테이프
4. Here is tape. [히어r 이즈 테이프] — 바구니
5. Here is paper. [히어r 이즈 페이퍼r] — 종이

⭐ tape(테이프), paper(종이)는 모양과 크기가 다양해 형태가 일정하지 않다고 생각하기 때문에 셀 수 없는 명사로 취급한다.

배운 단어로 문장을 이해해요!

> here은 '여기'라는 뜻을 나타내요.
> 물건을 줄 때는 Here is a 뒤에 물건을 나타내는 단어를 붙여 '여기 ~(물건)이 있어.'라고 해요. (Here is a brush. 여기 붓이 있어.)
> ⭐ 물건 하나를 말할 때는 물건 앞에 a를 써요. 하지만 tape(테이프)와 paper(종이)는 일정한 형태가 없는 물질로 셀 수 없으므로 a를 쓰지 않아요.

B Choose & Write
다음 우리말에 맞게 알맞은 단어를 골라 문장을 완성하세요.

1. 여기 바구니가 있어.   brush   **basket**
   → Here is a **basket**

2. 여기 손목시계가 있어.   **watch**   tape
   → Here is a **watch**

3. 여기 종이가 있어.   tape   **paper**
   → Here is **paper**

C Write & Speak
다음 우리말에 맞게 카드를 배열한 후, 완성된 문장을 큰 소리로 읽으세요.

1. 여기 붓이 있어.
   [here] [a] [brush] [is] [.]
   → Here is a brush.

2. 여기 테이프가 있어.
   [tape] [is] [here] [.]
   → Here is tape.

04

20쪽 / 21쪽

배운 단어를 확인해요!

dentist 치과 의사
singer 가수
dancer 댄서, 무용가
baker 제빵사
driver 운전사

A Look & Match
다음 그림에 맞게 색으로 된 알맞은 단어와 우리말 뜻을 연결하세요.

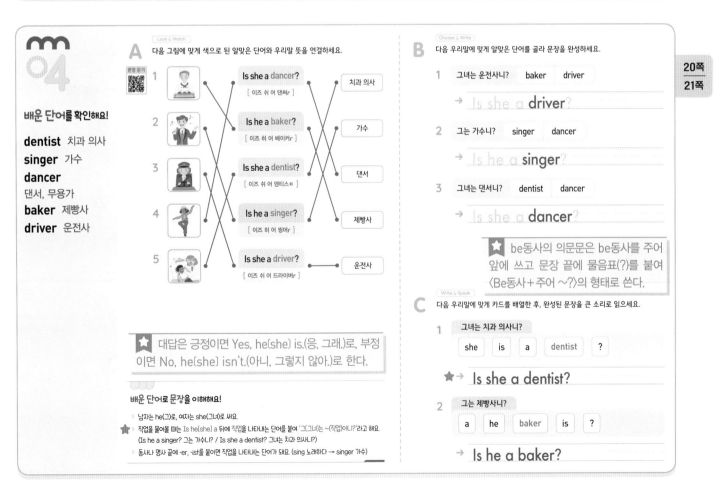

1. Is she a dancer? [이즈 쉬 어 댄써r] — 치과 의사
2. Is he a baker? [이즈 히 어 베이커r] — 가수
3. Is she a dentist? [이즈 쉬 어 덴티스트] — 댄서
4. Is he a singer? [이즈 히 어 씽어r] — 제빵사
5. Is she a driver? [이즈 쉬 어 드라이버r] — 운전사

⭐ 대답은 긍정이면 Yes, he(she) is.(응, 그래.)로, 부정이면 No, he(she) isn't.(아니, 그렇지 않아.)로 한다.

배운 단어로 문장을 이해해요!

> 남자는 he(그)로, 여자는 she(그녀)로 써요.
> ⭐ 직업을 물어볼 때는 Is he(she) 뒤에 직업을 나타내는 단어를 붙여 '그(그녀)는 ~(직업)이니?'라고 해요. (Is he a singer? 그는 가수니? / Is she a dentist? 그녀는 치과 의사니?)
> 동사나 명사 끝에 -er, -ist를 붙이면 직업을 나타내는 단어가 돼요. (sing 노래하다 → singer 가수)

B Choose & Write
다음 우리말에 맞게 알맞은 단어를 골라 문장을 완성하세요.

1. 그녀는 운전사니?   baker   **driver**
   → Is she a **driver**?

2. 그는 가수니?   **singer**   dancer
   → Is he a **singer**?

3. 그녀는 댄서니?   dentist   **dancer**
   → Is she a **dancer**?

⭐ be동사의 의문문은 be동사를 주어 앞에 쓰고 문장 끝에 물음표(?)를 붙여 〈Be동사＋주어 ~?〉의 형태로 쓴다.

C Write & Speak
다음 우리말에 맞게 카드를 배열한 후, 완성된 문장을 큰 소리로 읽으세요.

1. 그녀는 치과 의사니?
   [she] [is] [a] [dentist] [?]
   ⭐→ Is she a dentist?

2. 그는 제빵사니?
   [a] [he] [baker] [is] [?]
   → Is he a baker?

05

배운 단어를 확인해요!

breakfast
아침 식사
school 학교
lunch 점심 식사
dinner 저녁 식사
bed 취침 (시간)

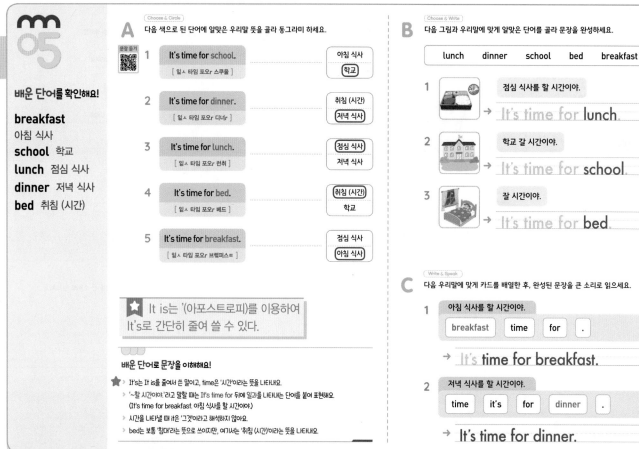

A ⓐ Choose & Circle

다음 색으로 된 단어에 알맞은 우리말 뜻을 골라 동그라미 하세요.

문장 듣기

1 It's time for school.
[잇ㅊ 타임 포or 스쿨]
아침 식사 / **학교**

2 It's time for dinner.
[잇ㅊ 타임 포or 디너r]
취침 (시간) / **저녁 식사**

3 It's time for lunch.
[잇ㅊ 타임 포or 런취]
점심 식사 / 저녁 식사

4 It's time for bed.
[잇ㅊ 타임 포or 베드]
취침 (시간) / 학교

5 It's time for breakfast.
[잇ㅊ 타임 포or 브렉퍼스트]
점심 식사 / **아침 식사**

★ It is는 '(아포스트로피)를 이용하여 It's로 간단히 줄여 쓸 수 있다.

배운 단어로 문장을 이해해요!

★ ▸ It's는 It is를 줄여서 쓴 말이고, time은 '시간'이라는 뜻을 나타내요.
▸ '~할 시간이야.'라고 말할 때는 It's time for 뒤에 일과를 나타내는 단어를 붙여 표현해요.
(It's time for breakfast. 아침 식사를 할 시간이야.)
▸ 시간을 나타낼 때 it은 '그것이'라고 해석하지 않아요.
▸ bed는 보통 '침대'라는 뜻으로 쓰이지만, 여기서는 '취침 (시간)'이라는 뜻을 나타내요.

B Choose & Write

다음 그림과 우리말에 맞게 알맞은 단어를 골라 문장을 완성하세요.

| lunch | dinner | school | bed | breakfast |

1 점심 식사를 할 시간이야.
→ It's time for lunch.

2 학교 갈 시간이야.
→ It's time for school.

3 잘 시간이야.
→ It's time for bed.

C Write & Speak

다음 우리말에 맞게 카드를 배열한 후, 완성된 문장을 큰 소리로 읽으세요.

1 아침 식사를 할 시간이야.
breakfast | time | for | .
→ It's time for breakfast.

2 저녁 식사를 할 시간이야.
time | it's | for | dinner | .
→ It's time for dinner.

Review
01 - 05

A 다음 우리말 뜻에 알맞은 단어를 찾아 쓰세요.

tooth — school — bed — parents
baker — watch — lunch — paper

1 손목시계 __watch__
2 부모 __parents__
3 종이 __paper__
4 학교 __school__
5 제빵사 __baker__
6 이 __tooth__
7 취침 (시간) __bed__
8 점심 식사 __lunch__

B 다음 영어 문장에 맞게 빈칸에 알맞은 우리말 뜻을 쓰세요.

1 This is my head. 이것은 내 __머리__ 야.

2 Is she a dentist? 그녀는 __치과 의사__ 니?

3 I love my mother. 나는 나의 __어머니__ 를 사랑해.

4 Here is a brush. 여기 __붓__ 이 있어.

5 It's time for breakfast. __아침 식사__ 를 할 시간이야.

C Let's Play

다음 그림에 맞게 알맞은 단어로 빈칸을 채워 퍼즐을 완성하세요.

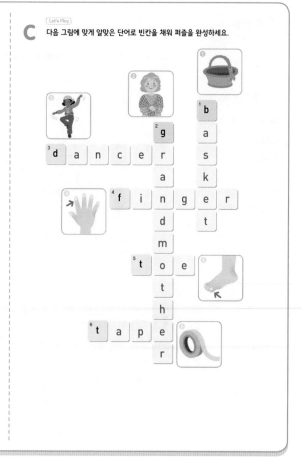

b
g | a
d a n c e r | s
a | k
f i n g e r
d | t
m
t o e
t
h
t a p e r
r

06

배운 단어를 확인해요!

soccer 축구
baseball 야구
basketball 농구
tennis 테니스
badminton 배드민턴

A Choose & Circle
다음 색으로 된 단어에 알맞은 우리말 뜻을 골라 동그라미 하세요.

문장 듣기

1 Let's play tennis.
[렛ㅅ 플레이 테니ㅆ]
배드민턴 / **테니스** 치자.

2 Let's play soccer.
[렛ㅅ 플레이 싸커r]
축구 / 농구 하자.

3 Let's play basketball.
[렛ㅅ 플레이 배스킽보올]
야구 / **농구** 하자.

4 Let's play badminton.
[렛ㅅ 플레이 배드민튼]
테니스 / **배드민턴** 치자.

5 Let's play baseball.
[렛ㅅ 플레이 베이쓰보올]
야구 / 축구 하자.

⭐ Let's(~하자) 뒤에는 동사원형이 온다.
*동사원형: 일반동사의 원래 형태를 말함.

배운 단어로 문장을 이해해요!

> Let's는 '~하자'라는 뜻으로 Let(~하게 허락하다)과 us(우리를)를 줄여서 쓴 말이에요.
> play는 '경기를 하다'라는 뜻을 나타내요.
> ⭐ '~(운동 경기)을 하자.'라고 제안할 때는 Let's play 뒤에 운동 경기를 나타내는 단어를 붙여 표현해요. (Let's play soccer. 축구하자.)

B Choose & Write
다음 그림에 맞게 알맞은 단어를 골라 문장을 완성하세요.

30쪽 / 31쪽

| tennis | baseball | badminton | soccer | basketball |

1 → Let's play **baseball**

2 → Let's play **tennis**

3 → Let's play **soccer**

⭐ 상대방에게 제안하는 문장으로 첫 글자는 대문자로 쓴다.

C Write & Speak
다음 우리말에 맞게 카드를 배열한 후, 완성된 문장을 큰 소리로 읽으세요.

1 농구하자.
| let's | basketball | play | . |
⭐ → Let's play basketball.

2 배드민턴 치자.
| badminton | play | let's | . |
→ Let's play badminton.

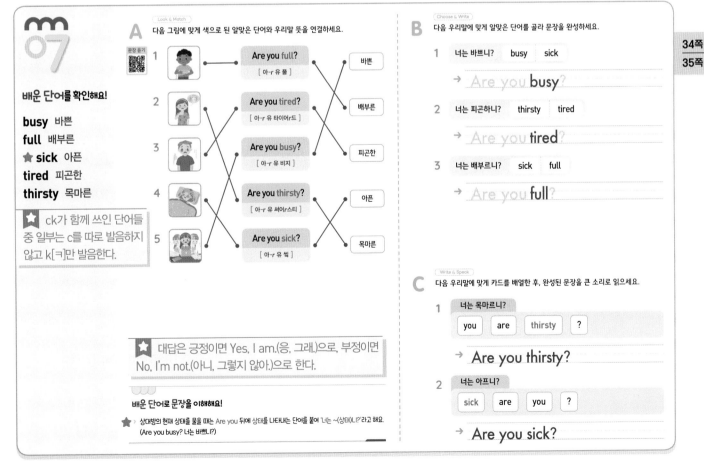

07

배운 단어를 확인해요!

busy 바쁜
full 배부른
⭐ sick 아픈
tired 피곤한
thirsty 목마른

⭐ ck가 함께 쓰인 단어들 중 일부는 c를 따로 발음하지 않고 k[ㅋ]만 발음한다.

A Look & Match
다음 그림에 맞게 색으로 된 알맞은 단어와 우리말 뜻을 연결하세요.

문장 듣기

1 Are you full?
[아r 유 풀]

2 Are you tired?
[아r 유 타이어rd]

3 Are you busy?
[아r 유 비지]

4 Are you thirsty?
[아r 유 써어r스티]

5 Are you sick?
[아r 유 씩]

바쁜
배부른
피곤한
아픈
목마른

⭐ 대답은 긍정이면 Yes, I am.(응, 그래.)으로, 부정이면 No, I'm not.(아니, 그렇지 않아.)으로 한다.

배운 단어로 문장을 이해해요!

> ⭐ 상대방의 현재 상태를 물을 때는 Are you 뒤에 상태를 나타내는 단어를 붙여 '너는 ~(상태)니?'라고 해요.
> (Are you busy? 너는 바쁘니?)

B Choose & Write
다음 우리말에 맞게 알맞은 단어를 골라 문장을 완성하세요.

34쪽 / 35쪽

1 너는 바쁘니? busy sick
→ Are you **busy**?

2 너는 피곤하니? thirsty tired
→ Are you **tired**?

3 너는 배부르니? sick full
→ Are you **full**?

C Write & Speak
다음 우리말에 맞게 카드를 배열한 후, 완성된 문장을 큰 소리로 읽으세요.

1 너는 목마르니?
| you | are | thirsty | ? |
→ Are you thirsty?

2 너는 아프니?
| sick | are | you | ? |
→ Are you sick?

08

배운 단어를 확인해요!

chicken 닭고기
fish 생선, 물고기
pork 돼지고기
beef 소고기
meat 고기

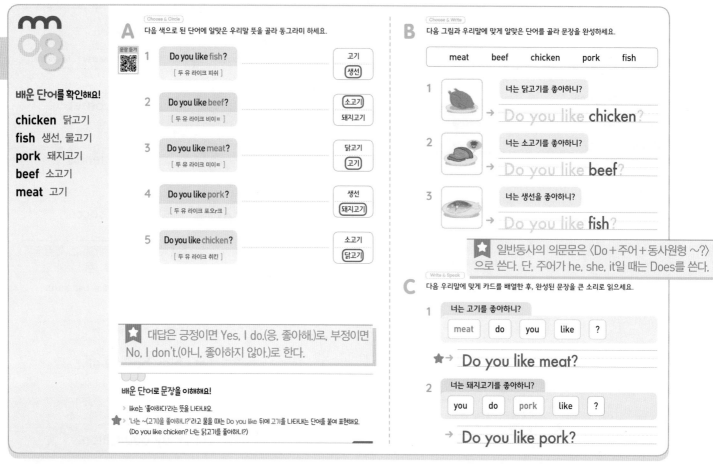

A (Choose & Circle)
다음 색으로 된 단어에 알맞은 우리말 뜻을 골라 동그라미 하세요.

1 Do you like fish?
[두 유 라이크 피쉬]
고기 / (생선)

2 Do you like beef?
[두 유 라이크 비이ㅍ]
(소고기) / 돼지고기

3 Do you like meat?
[두 유 라이크 미이트]
닭고기 / (고기)

4 Do you like pork?
[두 유 라이크 포오r크]
생선 / (돼지고기)

5 Do you like chicken?
[두 유 라이크 취킨]
소고기 / (닭고기)

⭐ 대답은 긍정이면 Yes, I do.(응, 좋아해.)로, 부정이면 No, I don't.(아니, 좋아하지 않아.)로 한다.

배운 단어로 문장을 이해해요!

> like는 '좋아하다'라는 뜻을 나타내요.
⭐ '너는 ~(고기)을 좋아하니?'라고 물을 때는 Do you like 뒤에 고기를 나타내는 단어를 붙여 표현해요.
(Do you like chicken? 너는 닭고기를 좋아하니?)

B (Choose & Write)
다음 그림과 우리말에 맞게 알맞은 단어를 골라 문장을 완성하세요.

| meat | beef | chicken | pork | fish |

1 너는 닭고기를 좋아하니?
→ Do you like **chicken**?

2 너는 소고기를 좋아하니?
→ Do you like **beef**?

3 너는 생선을 좋아하니?
→ Do you like **fish**?

⭐ 일반동사의 의문문은 〈Do + 주어 + 동사원형 ~?〉으로 쓴다. 단, 주어가 he, she, it일 때는 Does를 쓴다.

C (Write & Speak)
다음 우리말에 맞게 카드를 배열한 후, 완성된 문장을 큰 소리로 읽으세요.

1 너는 고기를 좋아하니?
[meat] [do] [you] [like] [?]
⭐→ Do you like meat?

2 너는 돼지고기를 좋아하니?
[you] [do] [pork] [like] [?]
→ Do you like pork?

09

배운 단어를 확인해요!

eleven 11, 열하나
twelve 12, 열둘
⭐ thirteen 13, 열셋
fourteen 14, 열넷
fifteen 15, 열다섯

⭐ 13부터는 -teen을 붙이고, teen에 강세가 있음에 주의한다.

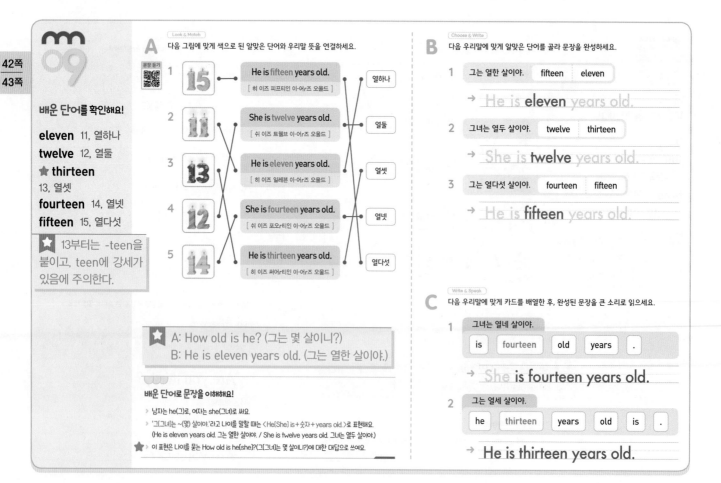

A (Look & Match)
다음 그림에 맞게 색으로 된 알맞은 단어와 우리말 뜻을 연결하세요.

1 15 — He is fifteen years old.
[히 이즈 피프티인 이-어rz 오울드] — 열하나

2 11 — She is twelve years old.
[쉬 이즈 트웰브 이-어rz 오울드] — 열둘

3 13 — He is eleven years old.
[히 이즈 일레븐 이-어rz 오울드] — 열셋

4 12 — She is fourteen years old.
[쉬 이즈 포오r티인 이-어rz 오울드] — 열넷

5 14 — He is thirteen years old.
[히 이즈 써어r티인 이-어rz 오울드] — 열다섯

⭐ A: How old is he? (그는 몇 살이니?)
B: He is eleven years old. (그는 열한 살이야.)

배운 단어로 문장을 이해해요!

> 남자는 he(그)로, 여자는 she(그녀)로 써요.
> '그(그녀)는 ~(몇) 살이야.'라고 나이를 말할 때는 〈He(She) is + 숫자 + years old.〉로 표현해요.
(He is eleven years old. 그는 열한 살이야. / She is twelve years old. 그녀는 열두 살이야.)
⭐ 이 표현은 나이를 묻는 How old is he(she)?(그(그녀)는 몇 살이니?)에 대한 대답으로 써요.

B (Choose & Write)
다음 우리말에 맞게 알맞은 단어를 골라 문장을 완성하세요.

1 그는 열한 살이야. [fifteen] [eleven]
→ He is **eleven** years old.

2 그녀는 열두 살이야. [twelve] [thirteen]
→ She is **twelve** years old.

3 그는 열다섯 살이야. [fourteen] [fifteen]
→ He is **fifteen** years old.

C (Write & Speak)
다음 우리말에 맞게 카드를 배열한 후, 완성된 문장을 큰 소리로 읽으세요.

1 그녀는 열네 살이야.
[is] [fourteen] [old] [years] [.]
→ She is fourteen years old.

2 그는 열세 살이야.
[he] [thirteen] [years] [old] [is] [.]
→ He is thirteen years old.

10

배운 단어를 확인해요!

sixteen
16, 열여섯
seventeen
17, 열일곱
⭐ **eighteen**
18, 열여덟
nineteen
19, 열아홉
⭐ **twenty**
20, 스물

⭐ • gh가 함께 쓰인 단어들 중 일부는 gh를 따로 발음하지 않는다.
• 20부터 십 단위 숫자는 끝에 -ty를 붙인다.

배운 단어로 문장을 이해해요!
> there is[are] ~ 는 '~[들]이 있다'라는 뜻이에요.
> there is 뒤에는 단수 명사(1개)가, there are 뒤에는 복수 명사(2개 이상)가 와요.
> '연필 ~[몇] 자루가 있어.'라고 말할 때는 〈 There are + 숫자(2 이상) + pencils. 〉로 표현해요.
  (There are sixteen pencils. 연필 열여섯 자루가 있어.)

46쪽 47쪽

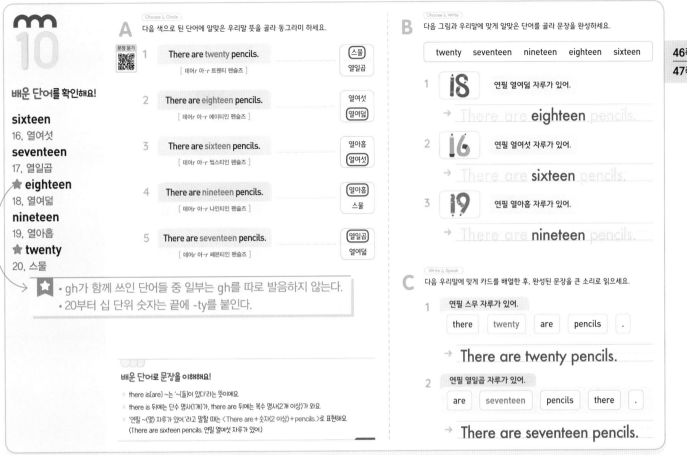

A Choose & Circle
다음 색으로 된 단어에 알맞은 우리말 뜻을 골라 동그라미 하세요.

1 There are **twenty** pencils.
  [데어r 아-r 트웬티 펜슬즈]   (스물) / 열일곱

2 There are **eighteen** pencils.
  [데어r 아-r 에이티인 펜슬즈]   열여섯 / (열여덟)

3 There are **sixteen** pencils.
  [데어r 아-r 씩스티인 펜슬즈]   열아홉 / (열여섯)

4 There are **nineteen** pencils.
  [데어r 아-r 나인티인 펜슬즈]   (열아홉) / 스물

5 There are **seventeen** pencils.
  [데어r 아-r 쎄븐티인 펜슬즈]   (열일곱) / 열여덟

B Choose & Write
다음 그림과 우리말에 맞게 알맞은 단어를 골라 문장을 완성하세요.

twenty seventeen nineteen eighteen sixteen

1 **18** 연필 열여덟 자루가 있어.
  → There are **eighteen** pencils.

2 **16** 연필 열여섯 자루가 있어.
  → There are **sixteen** pencils.

3 **19** 연필 열아홉 자루가 있어.
  → There are **nineteen** pencils.

C Write & Speak
다음 우리말에 맞게 카드를 배열한 후, 완성된 문장을 큰 소리로 읽으세요.

1 연필 스무 자루가 있어.
  there twenty are pencils .
  → There are twenty pencils.

2 연필 열일곱 자루가 있어.
  are seventeen pencils there .
  → There are seventeen pencils.

Review
○6 - 10

48쪽 49쪽

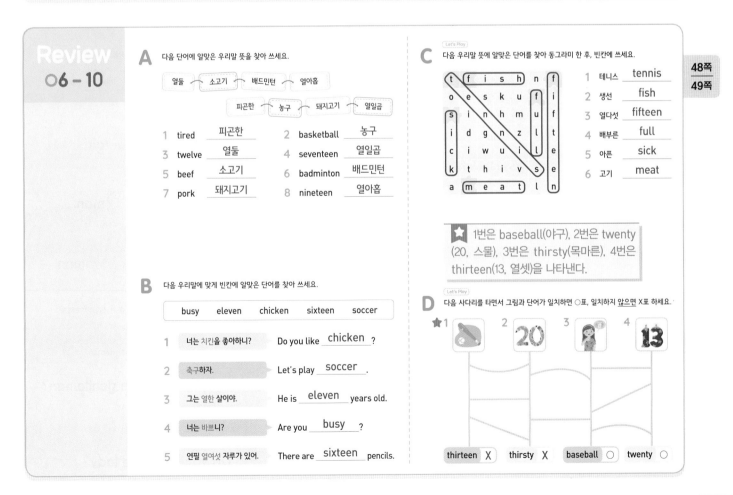

A 다음 단어에 알맞은 우리말 뜻을 찾아 쓰세요.

열둘 소고기 배드민턴 열아홉

피곤한 농구 돼지고기 열일곱

1 tired __피곤한__   2 basketball __농구__
3 twelve __열둘__   4 seventeen __열일곱__
5 beef __소고기__   6 badminton __배드민턴__
7 pork __돼지고기__   8 nineteen __열아홉__

B 다음 우리말에 맞게 빈칸에 알맞은 단어를 찾아 쓰세요.

busy eleven chicken sixteen soccer

1 너는 치킨을 좋아하니? Do you like __chicken__ ?
2 축구하자. Let's play __soccer__ .
3 그는 열한 살이야. He is __eleven__ years old.
4 너는 바쁘니? Are you __busy__ ?
5 연필 열여섯 자루가 있어. There are __sixteen__ pencils.

C Let's Play
다음 우리말 뜻에 알맞은 단어를 찾아 동그라미 한 후, 빈칸에 쓰세요.

t	f	i	s	h	n	f
o	e	s	k	u	f	i
s	i	n	h	m	u	f
i	d	g	n	z	l	t
c	i	w	u	i	s	e
k	t	h	i	v	s	e
a	m	e	a	t	l	n

1 테니스 __tennis__
2 생선 __fish__
3 열다섯 __fifteen__
4 배부른 __full__
5 아픈 __sick__
6 고기 __meat__

⭐ 1번은 baseball(야구), 2번은 twenty (20, 스물), 3번은 thirsty(목마른), 4번은 thirteen(13, 열셋)을 나타낸다.

D Let's Play
다음 사다리를 타면서 그림과 단어가 일치하면 ○표, 일치하지 않으면 X표 하세요.

⭐1 🪃 2 **20** 3 👧 4 **13**

thirteen X thirsty X baseball ○ twenty ○

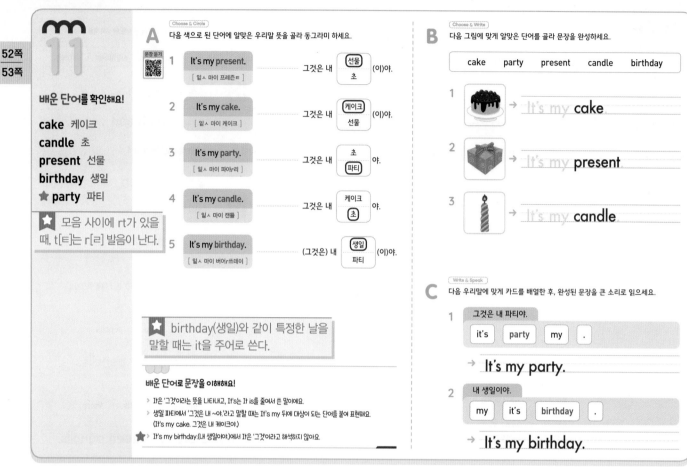

11

배운 단어를 확인해요!

cake 케이크
candle 초
present 선물
birthday 생일
★ party 파티

★ 모음 사이에 rt가 있을 때, t[ㅌ]는 r[ㄹ] 발음이 난다.

A (Choose & Circle) 다음 색으로 된 단어에 알맞은 우리말 뜻을 골라 동그라미 하세요.

1 It's my present.
[잍ㅅ 마이 프레즌트]
그것은 내 [선물 / 초] (이)야.

2 It's my cake.
[잍ㅅ 마이 케이크]
그것은 내 [케이크 / 선물] (이)야.

3 It's my party.
[잍ㅅ 마이 파아r티]
그것은 내 [초 / 파티] 야.

4 It's my candle.
[잍ㅅ 마이 캔들]
그것은 내 [케이크 / 초] 야.

5 It's my birthday.
[잍ㅅ 마이 버어r쓰데이]
(그것은) 내 [생일 / 파티] (이)야.

★ birthday(생일)와 같이 특정한 날을 말할 때는 it을 주어로 쓴다.

배운 단어로 문장을 이해해요!
> It은 '그것'이라는 뜻을 나타내고, It's는 It is를 줄여서 쓴 말이에요.
> 생일 파티에서 '그것은 내 ~야.'라고 말할 때는 It's my 뒤에 대상이 되는 단어를 붙여 표현해요. (It's my cake. 그것은 내 케이크야.)
★ It's my birthday.(내 생일이야.)에서 It은 '그것'이라고 해석하지 않아요.

B (Choose & Write) 다음 그림에 맞게 알맞은 단어를 골라 문장을 완성하세요.

| cake | party | present | candle | birthday |

1 → It's my **cake**
2 → It's my **present**
3 → It's my **candle**

C (Write & Speak) 다음 우리말에 맞게 카드를 배열한 후, 완성된 문장을 큰 소리로 읽으세요.

1 그것은 내 파티야.
[it's] [party] [my] [.]
→ It's my party.

2 내 생일이야.
[my] [it's] [birthday] [.]
→ It's my birthday.

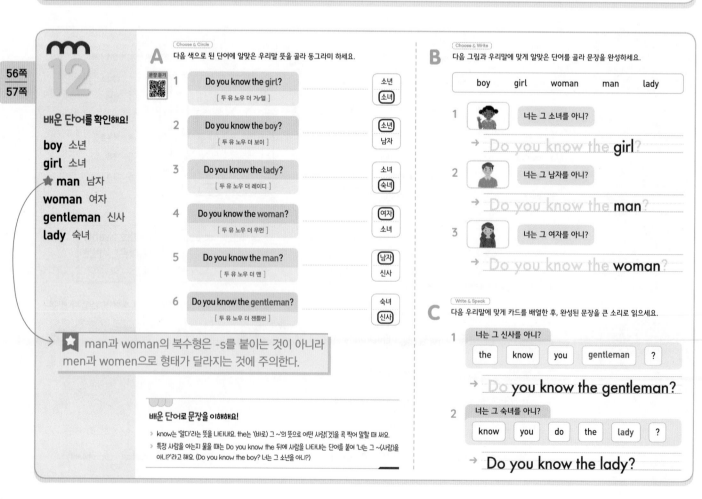

12

배운 단어를 확인해요!

boy 소년
girl 소녀
★ man 남자
woman 여자
gentleman 신사
lady 숙녀

★ man과 woman의 복수형은 -s를 붙이는 것이 아니라 men과 women으로 형태가 달라지는 것에 주의한다.

A (Choose & Circle) 다음 색으로 된 단어에 알맞은 우리말 뜻을 골라 동그라미 하세요.

1 Do you know the girl?
[두 유 노우 더 거얼]
[소년 / 소녀]

2 Do you know the boy?
[두 유 노우 더 보이]
[소년 / 남자]

3 Do you know the lady?
[두 유 노우 더 레이디]
[소녀 / 숙녀]

4 Do you know the woman?
[두 유 노우 더 우먼]
[여자 / 소녀]

5 Do you know the man?
[두 유 노우 더 맨]
[남자 / 신사]

6 Do you know the gentleman?
[두 유 노우 더 젠틀먼]
[숙녀 / 신사]

배운 단어로 문장을 이해해요!
> know는 '알다'라는 뜻을 나타내요. the는 '(바로) 그 ~'의 뜻으로 어떤 사람[것]을 콕 찍어 말할 때 써요.
> 특정 사람을 아는지 물을 때는 Do you know the 뒤에 사람을 나타내는 단어를 붙여 '너는 그 ~(사람)을 아니?'라고 해요. (Do you know the boy? 너는 그 소년을 아니?)

B (Choose & Write) 다음 그림과 우리말에 맞게 알맞은 단어를 골라 문장을 완성하세요.

| boy | girl | woman | man | lady |

1 너는 그 소녀를 아니?
→ Do you know the **girl**?

2 너는 그 남자를 아니?
→ Do you know the **man**?

3 너는 그 여자를 아니?
→ Do you know the **woman**?

C (Write & Speak) 다음 우리말에 맞게 카드를 배열한 후, 완성된 문장을 큰 소리로 읽으세요.

1 너는 그 신사를 아니?
[the] [know] [you] [gentleman] [?]
→ Do you know the gentleman?

2 너는 그 숙녀를 아니?
[know] [you] [do] [the] [lady] [?]
→ Do you know the lady?

13

60쪽
61쪽

배운 단어를 확인해요!

giraffe 기린
wolf 늑대
elephant 코끼리
fox 여우
zebra 얼룩말

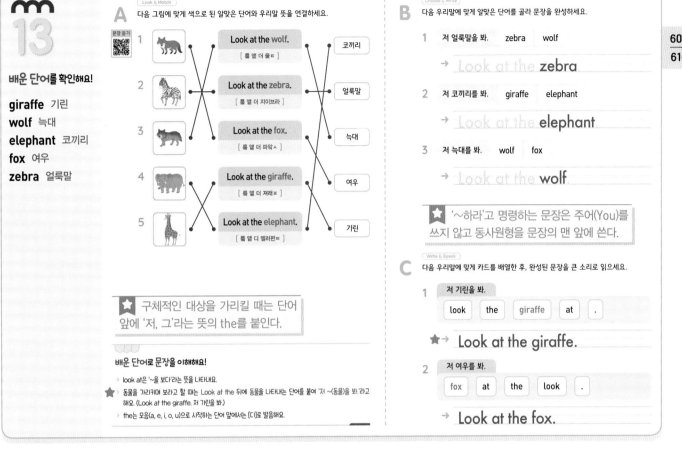

A [Look & Match] 다음 그림에 맞게 색으로 된 알맞은 단어와 우리말 뜻을 연결하세요.

1 　Look at the wolf.　　　　　　　코끼리
　　[룩 앳 더 울프]

2 　Look at the zebra.　　　　　　얼룩말
　　[룩 앳 더 지이브라]

3 　Look at the fox.　　　　　　　늑대
　　[룩 앳 더 파악스]

4 　Look at the giraffe.　　　　　여우
　　[룩 앳 더 저래프]

5 　Look at the elephant.　　　　기린
　　[룩 앳 디 엘러펀트]

⭐ 구체적인 대상을 가리킬 때는 단어 앞에 '저, 그'라는 뜻의 the를 붙인다.

배운 단어로 문장을 이해해요!

› look at은 '~을 보다'라는 뜻을 나타내요.
⭐› 동물을 가리키며 보라고 할 때는 Look at the 뒤에 동물을 나타내는 단어를 붙여 '저 ~(동물)을 봐.'라고 해요. (Look at the giraffe. 저 기린을 봐.)
› the는 모음(a, e, i, o, u)으로 시작하는 단어 앞에서는 [디]로 발음해요.

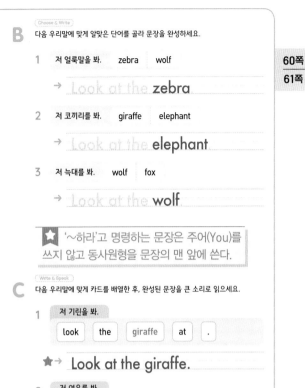

B [Choose & Write] 다음 우리말에 맞게 알맞은 단어를 골라 문장을 완성하세요.

1 저 얼룩말을 봐.　zebra　wolf
→ Look at the **zebra**

2 저 코끼리를 봐.　giraffe　elephant
→ Look at the **elephant**

3 저 늑대를 봐.　wolf　fox
→ Look at the **wolf**

⭐ '~하라'고 명령하는 문장은 주어(You)를 쓰지 않고 동사원형을 문장의 맨 앞에 쓴다.

C [Write & Speak] 다음 우리말에 맞게 카드를 배열한 후, 완성된 문장을 큰 소리로 읽으세요.

1 저 기린을 봐.
look　the　giraffe　at　.
⭐→ Look at the giraffe.

2 저 여우를 봐.
fox　at　the　look　.
→ Look at the fox.

14

64쪽
65쪽

배운 단어를 확인해요!

handsome
잘생긴
beautiful
아름다운
⭐ **fat** 뚱뚱한
thin 마른
cute 귀여운

⭐ fat과 thin은 서로 반대 의미를 나타낸다.

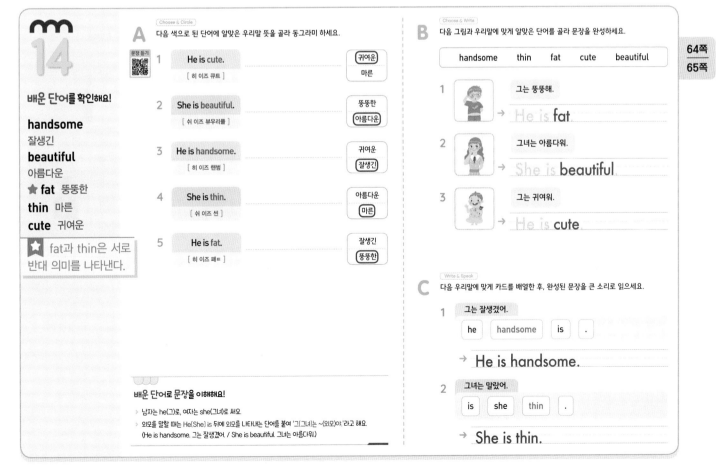

A [Choose & Circle] 다음 색으로 된 단어에 알맞은 우리말 뜻을 골라 동그라미 하세요.

1 He is cute.　　　　귀여운 / 마른
　[히 이즈 큐트]

2 She is beautiful.　뚱뚱한 / 아름다운
　[쉬 이즈 뷰우리풀]

3 He is handsome.　귀여운 / 잘생긴
　[히 이즈 핸썸]

4 She is thin.　　　아름다운 / 마른
　[쉬 이즈 씬]

5 He is fat.　　　　잘생긴 / 뚱뚱한
　[히 이즈 패트]

배운 단어로 문장을 이해해요!

› 남자는 he(그)로, 여자는 she(그녀)로 써요.
› 외모를 말할 때는 He[She] is 뒤에 외모를 나타내는 단어를 붙여 '그[그녀]는 ~(외모)야.'라고 해요.
　(He is handsome. 그는 잘생겼어. / She is beautiful. 그녀는 아름다워.)

B [Choose & Write] 다음 그림과 우리말에 맞게 알맞은 단어를 골라 문장을 완성하세요.

handsome　thin　fat　cute　beautiful

1 그는 뚱뚱해.
→ He is **fat**

2 그녀는 아름다워.
→ She is **beautiful**

3 그는 귀여워.
→ He is **cute**

C [Write & Speak] 다음 우리말에 맞게 카드를 배열한 후, 완성된 문장을 큰 소리로 읽으세요.

1 그는 잘생겼어.
he　handsome　is　.
→ He is handsome.

2 그녀는 말랐어.
is　she　thin　.
→ She is thin.

15

배운 단어를 확인해요!

⭐ **listen** 듣다
read 읽다
draw
(연필로) 그리다
paint
(물감으로) 그리다
cut 자르다

⭐ st가 함께 쓰인 단어들 중 일부는 t를 발음하지 않는다.

A Look & Match

다음 그림에 맞게 색으로 된 알맞은 단어와 우리말 뜻을 연결하세요.

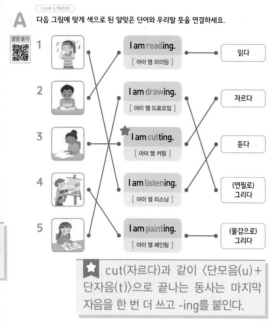

1 I am reading. [아이 엠 리이딩] — 읽다

2 I am drawing. [아이 엠 드로오잉] — 자르다

3 ⭐ I am cutting. [아이 엠 커링] — 듣다

4 I am listening. [아이 엠 리스닝] — (연필로) 그리다

5 I am painting. [아이 엠 페인팅] — (물감으로) 그리다

⭐ cut(자르다)과 같이 〈단모음(u)+ 단자음(t)〉으로 끝나는 동사는 마지막 자음을 한 번 더 쓰고 -ing를 붙인다.

배운 단어로 문장을 이해해요!

▸ '나는 ~하고 있어.'라고 현재 하고 있는 동작을 말할 때는 I am 뒤에 〈동사+-ing〉를 붙여 표현해요. (I am listening. 나는 듣고 있어.)

▸ 이 표현은 현재 행동을 묻는 What are you doing?(너 뭐 하고 있니?)에 대한 대답으로 쓰여요.

B Choose & Write

다음 우리말에 맞게 알맞은 단어를 골라 문장을 완성하세요.

1 나는 자르고 있어. [painting] [cutting]
→ I am **cutting**

2 나는 읽고 있어. [reading] [listening]
→ I am **reading**

3 나는 (연필로) 그리고 있어. [drawing] [painting]
→ I am **drawing**

C Write & Speak

다음 우리말에 맞게 카드를 배열한 후, 완성된 문장을 큰 소리로 읽으세요.

1 나는 듣고 있어.
[I] [listening] [am] [.]
→ I am listening.

2 나는 (물감으로) 그리고 있어.
[painting] [I] [am] [.]
→ I am painting.

Review 11-15

A
다음 우리말 뜻에 알맞은 단어를 찾아 동그라미 한 후, 빈칸에 쓰세요.

h **birthday** a x **girl** r **present** m **lady** g
p a **elephant** t o **fox** e w b **cute** n s **read**

1 생일 birthday   2 소녀 girl
3 선물 present   4 숙녀 lady
5 코끼리 elephant 6 여우 fox
7 귀여운 cute   8 읽다 read

⭐ 2. 그는 귀여워(→ 잘생겼어).
3. 저 얼룩말(→ 기린)을 봐.
5. 너는 그 남자(→ 소년)를 아니?

B
다음 영어 문장의 우리말 뜻이 맞으면 ○표, 틀리면 X표 하세요.

1 I am listening. — 나는 듣고 있어. ○
⭐2 He is handsome. — 그는 귀여워. X
⭐3 Look at the giraffe. — 저 얼룩말을 봐. X
4 It's my cake. — 그것은 내 케이크야. ○
⭐5 Do you know the boy? — 너는 그 남자를 아니? X

C Let's Play
다음 그림에 맞게 알맞은 단어로 빈칸을 채워 퍼즐을 완성하세요.

```
        w
z       o       c
g e n t l e m a n
b       f       n
r               d
p a i n t       l
        h       e
        i
        n
```

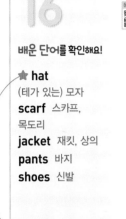

16

배운 단어를 확인해요!

★ **hat**
(테가 있는) 모자
scarf 스카프, 목도리
jacket 재킷, 상의
pants 바지
shoes 신발

> ★ '(앞에 가리개가 달린) 모자'는 cap으로 나타낸다.

배운 단어로 문장을 이해해요!

> put on은 '~을 입다·쓰다·신다'라는 뜻이고, take off는 '~을 벗다'라는 뜻이에요.
> '네 ~(옷)을 입어[벗어].'라고 말할 때는 명령문 형태로 Put on[Take off] your 뒤에 의류를 나타내는 단어를 붙여요. (Put on your hat. 네 모자를 써. / Take off your shoes. 네 신발을 벗어.)

74쪽 / 75쪽

A (Look & Match) 다음 그림에 맞게 색으로 된 알맞은 단어와 우리말 뜻을 연결하세요.

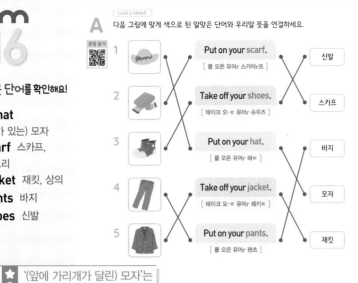

1 Put on your scarf.
[풀 오온 유어r 스카아프]

2 Take off your shoes.
[테이크 오-ㅍ 유어r 슈우즈]

3 Put on your hat.
[풀 오온 유어r 해ㅌ]

4 Take off your jacket.
[테이크 오-ㅍ 유어r 쟤키ㅌ]

5 Put on your pants.
[풀 오온 유어r 팬츠]

신발 / 스카프 / 바지 / 모자 / 재킷

B (Choose & Write) 다음 우리말에 맞게 알맞은 단어를 골라 문장을 완성하세요.

1 네 모자를 써.   scarf   **hat**
→ Put on your **hat**

2 네 신발을 벗어.   **shoes**   pants
→ Take off your **shoes**

3 네 스카프를 해.   jacket   **scarf**
→ Put on your **scarf**

> ★ '~하라'고 명령하는 문장은 주어(You)를 쓰지 않고 동사원형을 문장의 맨 앞에 쓴다.

C (Write & Speak) 다음 우리말에 맞게 카드를 배열한 후, 완성된 문장을 큰 소리로 읽으세요.

1 네 재킷을 벗어.
[take] [your] [jacket] [off] [.]
★ → Take off your jacket.

2 네 바지를 입어.
[put] [pants] [on] [your] [.]
→ Put on your pants.

17

배운 단어를 확인해요!

zoo 동물원
park 공원
bank 은행
hospital 병원
market 시장

> ★ to는 이동 방향을 나타내어 '~에'라는 뜻으로 쓰인다.

배운 단어로 문장을 이해해요!

> I'm은 I와 am을 줄여서 쓴 말이고, go는 '가다'라는 뜻이에요.
> ★ '나는 ~(장소)에 가고 있어.'라고 현재 가고 있는 장소에 대해 말할 때는 I'm going to 뒤에 장소를 나타내는 단어를 붙여 표현해요. (I'm going to the zoo. 나는 동물원에 가고 있어.)
> 이 표현은 현재 어디에 가고 있는지 묻는 Where are you going?(너 어디 가니?)에 대한 대답으로 쓰여요.

78쪽 / 79쪽

A (Choose & Circle) 다음 색으로 된 단어에 알맞은 우리말 뜻을 골라 동그라미 하세요.

1 I'm going to the park.
[아임 고우잉 투 더 파아rㅋ]
동물원 / **공원**

2 I'm going to the zoo.
[아임 고우잉 투 더 주우]
시장 / **동물원**

3 I'm going to the market.
[아임 고우잉 투 더 마아r킽]
은행 / **시장**

4 I'm going to the bank.
[아임 고우잉 투 더 뱅ㅋ]
병원 / **은행**

5 I'm going to the hospital.
[아임 고우잉 투 더 하스피를]
공원 / **병원**

B (Choose & Write) 다음 그림과 우리말에 맞게 알맞은 단어를 골라 문장을 완성하세요.

zoo   bank   hospital   park   market

1 나는 은행에 가고 있어.
→ I'm going to the **bank**

2 나는 공원에 가고 있어.
→ I'm going to the **park**

3 나는 병원에 가고 있어.
→ I'm going to the **hospital**

C (Write & Speak) 다음 우리말에 맞게 카드를 배열한 후, 완성된 문장을 큰 소리로 읽으세요.

1 나는 동물원에 가고 있어.
[to] [going] [the] [zoo] [.]
→ I'm going to the zoo.

2 나는 시장에 가고 있어.
[the] [market] [I'm] [going] [to] [.]
→ I'm going to the market.

18

배운 단어를 확인해요!

soup 수프
curry 카레
hamburger
햄버거
egg 달걀
cookie 쿠키

A ⒸChoose & Circle

다음 색으로 된 단어에 알맞은 우리말 뜻을 골라 동그라미 하세요.

문장 듣기

1 Do you want some curry?
[두 유 원트 썸 커어리]
카레 / 수프 좀 먹을래?

2 Do you want some soup?
[두 유 원트 썸 쑤웁]
달걀 / 수프 좀 먹을래?

3 Do you want some eggs?
[두 유 원트 썸 에그즈]
햄버거 / 달걀 좀 먹을래?

4 Do you want some cookies?
[두 유 원트 썸 쿠키즈]
쿠키 / 카레 좀 먹을래?

5 Do you want some hamburgers?
[두 유 원트 썸 햄버어r거즈]
쿠키 / 햄버거 좀 먹을래?

★ 대답은 Yes, please.(응, 그래.) 또는 No, thanks.(아니, 괜찮아.)로 할 수 있다.

배운 단어로 문장을 이해해요!

› want는 '원하다'라는 뜻이고, some은 '약간의'라는 뜻이에요.
★ 음식을 권할 때는 Do you want some 뒤에 음식을 나타내는 단어를 붙여 '~(음식) 좀 먹을래?'라고 해요. (Do you want some soup? 수프 좀 먹을래?)
› egg(달걀), cookie(쿠키), hamburger(햄버거)는 셀 수 있으므로 여러 개일 때는 단어 끝에 -s를 붙여 복수형으로 써요.

B Choose & Write

다음 그림과 우리말에 맞게 알맞은 단어를 골라 문장을 완성하세요.

curry cookies soup eggs hamburgers

1 수프 좀 먹을래?
→ Do you want some **soup**?

2 카레 좀 먹을래?
→ Do you want some **curry**?

3 달걀 좀 먹을래?
→ Do you want some **eggs**?

C Write & Speak

다음 우리말에 맞게 카드를 배열한 후, 완성된 문장을 큰 소리로 읽으세요.

1 햄버거 좀 먹을래?
you | want | hamburgers | some | ?
→ Do you want some hamburgers?

2 쿠키 좀 먹을래?
want | some | do | cookies | you | ?
→ Do you want some cookies?

19

배운 단어를 확인해요!

bicycle 자전거
subway 지하철
taxi 택시
boat
보트, (작은) 배
helicopter
헬리콥터

A ⒸChoose & Circle

다음 색으로 된 단어에 알맞은 우리말 뜻을 골라 동그라미 하세요.

문장 듣기

1 I can get there by bicycle.
[아이 캔 겟 데어r 바이 바이씨클]
보트 / 자전거

2 I can get there by taxi.
[아이 캔 겟 데어r 바이 택시]
택시 / 지하철

3 I can get there by boat.
[아이 캔 겟 데어r 바이 보우트]
헬리콥터 / 보트

4 I can get there by subway.
[아이 캔 겟 데어r 바이 써브웨이]
지하철 / 자전거

5 I can get there by helicopter.
[아이 캔 겟 데어r 바이 헬리캅터r]
택시 / 헬리콥터

★ 어디를 이동할 때는 교통수단 앞에 a나 an 없이 〈by+교통수단〉으로 쓴다. 하지만 '걸어서'의 의미일 때는 on foot을 쓴다.

배운 단어로 문장을 이해해요!

› can은 동사 앞에 쓰여 '~할 수 있다'라는 뜻을 더해줘요.
› get there는 '거기에 가다'라는 뜻이고, by는 '~로'라는 뜻으로 방법·수단을 나타내요.
★ '나는 ~(교통수단)으로 거기에 갈 수 있어'라고 말할 때는 I can get there by 뒤에 교통수단을 나타내는 단어를 붙여 표현해요. (I can get there by bicycle. 나는 자전거로 거기에 갈 수 있어)

B Choose & Write

다음 그림과 우리말에 맞게 알맞은 단어를 골라 문장을 완성하세요.

taxi boat bicycle subway helicopter

1 나는 지하철로 거기에 갈 수 있어.
→ I can get there by **subway**.

2 나는 자전거로 거기에 갈 수 있어.
→ I can get there by **bicycle**.

3 나는 택시로 거기에 갈 수 있어.
→ I can get there by **taxi**.

C Write & Speak

다음 우리말에 맞게 카드를 배열한 후, 완성된 문장을 큰 소리로 읽으세요.

1 나는 헬리콥터로 거기에 갈 수 있어.
by | helicopter | get | there | .
→ I can get there by helicopter.

2 나는 보트로 거기에 갈 수 있어.
can | get | there | I | boat | by | .
→ I can get there by boat.

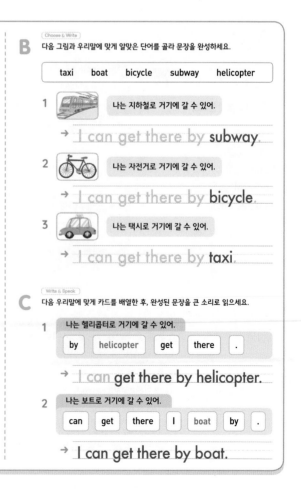

20

배운 단어를 확인해요!

★ **bottle** 병, 통
bowl 그릇, 사발
cup 컵, 잔
glass (유리)잔

★ 모음과 -le 사이에 t가 있을 때, t[티]는 r[리] 발음이 난다.

문장 듣기

A [Look & Match]
다음 그림에 맞게 색으로 된 알맞은 단어와 우리말 뜻을 연결하세요.

1. I want a **cup** of tea. [아이 원ㅌ 어 컵 어브 티이]
2. I want a **bowl** of rice. [아이 원ㅌ 어 보울 어브 라이스]
3. I want a **glass** of milk. [아이 원ㅌ 어 글래ㅆ 어브 밀ㅋ]
4. ★ I want a **bottle** of water. [아이 원ㅌ 어 바틀 어브 워어러ㄹ]

그릇 / 컵 / 병 / (유리)잔

★ 같은 물질이라도 담는 용기에 따라 다르게 표현할 수 있다.
(a glass of water 물 한 잔)

배운 단어로 문장을 이해해요!

> 일정한 형태가 없는 물질의 양을 표현할 때는 '담는 용기'를 뜻하는 단어를 이용해 〈a+용기+of+물질〉로 써요.
> a bottle of water / a cup of tea / a bowl of rice / a glass of milk
>   물 한 병   차 한 잔   밥 한 그릇   우유 한 잔
> 원하는 것을 요청할 때는 I want 뒤에 대상이 되는 단어를 붙여 '나는 ~을 원해.'라고 해요.
> (I want a bottle of water. 나는 물 한 병을 원해.)

B [Choose & Write]
다음 우리말에 맞게 알맞은 단어를 골라 문장을 완성하세요.

1. 나는 우유 한 잔을 원해. bottle **glass**
   → I want a **glass** of milk.
2. 나는 밥 한 그릇을 원해. cup **bowl**
   → I want a **bowl** of rice.
3. 나는 물 한 병을 원해. **bottle** cup
   → I want a **bottle** of water.

C [Write & Speak]
다음 우리말에 맞게 카드를 배열한 후, 완성된 문장을 큰 소리로 읽으세요.

1. 나는 차 한 잔을 원해.
   of / a / cup / tea / .
   → I want a cup of tea.
2. 나는 밥 한 그릇을 원해.
   I / a / bowl / want / of / rice / .
   → I want a bowl of rice.

Review
16 - 20

A
다음 단어에 알맞은 우리말 뜻을 찾아 쓰세요.

은행 / 바지 / 달걀 / 지하철
병원 / 스카프 / 보트 / 햄버거

1. pants   바지
2. scarf   스카프
3. bank   은행
4. hospital   병원
5. boat   보트
6. hamburger   햄버거
7. egg   달걀
8. subway   지하철

B
다음 우리말에 맞게 빈칸에 알맞은 단어를 찾아 쓰세요.

zoo   bicycle   hat   bottle   soup

1. 네 모자를 써.   Put on your **hat**.
2. 수프 좀 먹을래?   Do you want some **soup**?
3. 나는 동물원에 가고 있어.   I'm going to the **zoo**.
4. 나는 물 한 병을 원해.   I want a **bottle** of water.
5. 나는 자전거로 그곳에 갈 수 있어.   I can get there by **bicycle**.

C [Let's Play]
다음 우리말 뜻에 알맞은 단어를 찾아 동그라미 한 후, 빈칸에 쓰세요.

h	j	a	c	k	e	t
c	m	a	r	k	e	t
u	o	c	b	c	q	h
r	b	g	u	n	k	t
r	x	n	m	p	x	a
y	e	a	b	d	u	x
b	p	a	r	k	e	c

1. 재킷   jacket
2. 카레   curry
3. 시장   market
4. 컵   cup
5. 택시   taxi
6. 공원   park

★ 1번은 glass((유리)잔), 2번은 shoes(신발), 3번은 cookie(쿠키), 4번은 bowl(그릇, 사발)을 나타낸다.

D [Let's Play]
다음 사다리를 타면서 그림과 단어가 일치하면 ○표, 일치하지 않으면 X표 하세요.

★1   2   3   4

cookie ○   glass X   shoes ○   bowl X

A Step 1

94쪽

01	얼룩말	✓ zebra	☐ giraffe
02	열둘	✓ twelve	☐ twenty
03	학교	☐ lunch	✓ school
04	고기	☐ fish	✓ meat
05	열다섯	✓ fifteen	☐ eleven
06	신발	☐ pants	✓ shoes
07	카레	✓ curry	☐ soup
08	시장	☐ park	✓ market
09	운전사	☐ baker	✓ driver
10	손목시계	☐ brush	✓ watch

11	은행	✓ bank	☐ bed
12	배부른	☐ tired	✓ full
13	공원	✓ park	☐ zoo
14	읽다	☐ listen	✓ read
15	소녀	✓ girl	☐ lady
16	손가락	✓ finger	☐ toe
17	마른	☐ fat	✓ thin
18	바구니	✓ basket	☐ hat
19	남자	✓ man	☐ boy
20	아픈	✓ sick	☐ busy

A Step 2

94쪽

21	달걀	egg
22	할아버지	grandfather
23	종이	paper
24	점심 식사	lunch
25	돼지고기	pork
26	열일곱	seventeen
27	귀여운	cute
28	취침 (시간)	bed
29	여우	fox
30	농구	basketball

31	생일	birthday
32	쿠키	cookie
33	야구	baseball
34	열여덟	eighteen
35	할머니	grandmother
36	배드민턴	badminton
37	저녁 식사	dinner
38	발가락	toe
39	아름다운	beautiful
40	햄버거	hamburger

B Step 1

01	singer	✔ 가수	☐ 댄서	11	subway	☐ 택시	✔ 지하철
02	beef	☐ 닭고기	✔ 소고기	12	wolf	✔ 늑대	☐ 여우
03	party	☐ 생일	✔ 파티	13	glass	✔ (유리)잔	☐ 그릇
04	parents	☐ 할머니	✔ 부모	14	father	☐ 어머니	✔ 아버지
05	thirteen	✔ 열셋	☐ 열다섯	15	candle	✔ 초	☐ 케이크
06	present	✔ 선물	☐ 종이	16	jacket	☐ 모자	✔ 재킷
07	fourteen	☐ 열둘	✔ 열넷	17	tennis	✔ 테니스	☐ 농구
08	tired	☐ 목마른	✔ 피곤한	18	cut	✔ 자르다	☐ 그리다
09	pants	✔ 바지	☐ 스카프	19	fat	☐ 귀여운	✔ 뚱뚱한
10	twenty	✔ 스물	☐ 열여섯	20	lady	✔ 숙녀	☐ 신사

95쪽

B Step 2

21	tape	(접착용) 테이프	31	boat	보트, (작은) 배
22	draw	(연필로) 그리다	32	thirsty	목마른
23	dancer	댄서, 무용가	33	baker	제빵사
24	bowl	그릇, 사발	34	fish	생선, 물고기
25	shoulder	어깨	35	taxi	택시
26	hospital	병원	36	paint	(물감으로) 그리다
27	scarf	스카프, 목도리	37	cup	컵, 잔
28	nineteen	19, 열아홉	38	woman	여자
29	tooth	이	39	elephant	코끼리
30	helicopter	헬리콥터	40	gentleman	신사

95쪽

96쪽

01	저 기린을 봐.	Look at the _____giraffe_____ .
02	너는 바쁘니?	Are you _____busy_____ ?
03	아침 식사를 할 시간이야.	It's time for _____breakfast_____ .
04	그는 잘생겼어.	He is _____handsome_____ .
05	그녀는 치과 의사니?	Is she a _____dentist_____ ?
06	너는 닭고기를 좋아하니?	Do you like _____chicken_____ ?
07	네 모자를 써.	Put on your _____hat_____ .
08	너는 그 소년을 아니?	Do you know the _____boy_____ ?
09	연필 열여섯 자루가 있어.	There are _____sixteen_____ pencils.
10	나는 자전거로 거기에 갈 수 있어.	I can get there by _____bicycle_____ .

96쪽

11	Let's play soccer.	_____축구_____ 하자.
12	This is my head.	이것은 내 _____머리_____ 야.
13	I'm going to the zoo.	나는 _____동물원_____ 에 가고 있어.
14	It's my cake.	그것은 내 _____케이크_____ 야.
15	Here is a brush.	여기 _____붓_____ 이 있어.
16	I am listening.	나는 _____듣고_____ 있어.
17	I want a bottle of water.	나는 물 한 _____병_____ 을 원해.
18	He is eleven years old.	그는 _____열한_____ 살이야.
19	I love my mother.	나는 나의 _____어머니_____ 를 사랑해.
20	Do you want some soup?	_____수프_____ 좀 먹을래?